Mundus Reihe Ethnologie
Band 2

Wolfgang Guting
Zur Funktion prä- und postnataler Bräuche
bei den Indianern im Tiefland Südamerikas
Bonn : Mundus 1986

Diese Arbeit wurde 1982 an der Philosophischen Fakultät der Rheinischen Friedrich-Wilhelms Universität Bonn als Magisterarbeit eingereicht.

Vom Verfasser autorisierte Ausgabe.

ISBN 3-926216-01-8

Inhaltsverzeichnis

Vorwort

Die Fertigstellung dieser Arbeit wäre ohne die ständige Unterstützung Anderer nicht möglich gewesen. In vielen Gesprächen erhielt ich zahlreiche Anregungen, wie das hier gestellte Thema zu bewältigen sei. An dieser Stelle möchte ich die Gelegenheit ergreifen, mich für diese Unterstützung zu bedanken.
Besonderen Dank möchte ich meinen Lehrern, Professor Dr. Udo Oberem und Professor Dr. Hans-Joachim Paproth aussprechen, die mir die Gelegenheit gaben, dieses Thema zu bearbeiten.
Ich danke meinen Freunden Erwin Frank und Dieter Oelschläger für die Durchsicht von Teilen dieser Arbeit.
Weiterer Dank gebührt Frau Klimaschka für ihre Bereitschaft, mir diese Arbeit mit Schreibmaschine zu schreiben.
Meiner Schwester, der Ärztin Birgitt Nückel, danke ich für die Übersetzung einiger französicher Texte und für ihre Beratung in medizinischen Fragen, die sich bei der Bearbeitung dieses Themas ergaben.
Besonderen Dank möchte ich meinem Vater, dem Arzt Dr. med. Wolfgang Guting, widmen, der mir nicht nur ständig bei der Behandlung der medizinischen Thematik behilflich war, sondern mich auch sonst in jeder Beziehung unterstützte und so letztlich erst die Anfertigung dieser Arbeit ermöglichte.

Für alle in dieser Arbeit eventuell vorhandenen Fehler trage ich die alleinige Verantwortung.

1. Einleitung

In allen bekannten Kulturen war und ist die Geburt ein von speziellen Riten, Zeremonien und Glaubensvorstellungen begleitetes Ereignis. Die biologischen Vorgänge der Schwangerschaft und der Geburt finden so eine kulturelle Entsprechung in den prä- und postnatalen Bräuchen der jeweiligen Gesellschaften.
Die Aufgabe der vorliegenden Arbeit ist nicht die Feststellung dieser universellen Tatsache, sondern liegt in der Beantwortung der Frage, welche Funktion diese prä- und postnatalen Bräuche haben könnten. Die Frage nach der Funktion ist keine nach der Ursache oder Entstehung einer Sitte, sondern immer eine nach deren Effekt. Hier soll also untersucht werden, welche Auswirkungen diese Bräuche auf das Individuum selbst oder auf die Gruppe, in der es lebt, haben, seien diese Effekte nun bewußt oder unbewußt herbeigeführt.
Um diesem Anspruch Genüge zu leisten, müssen vorab einige Definitionen geleistet werden. Dies geschieht unter Punkt 1.1., der sich hauptsächlich mit dem Begriff der Couvade befaßt. Der geographische Raum, aus dem die für diese Untersuchung herangezogenen Beispiele stammen, wird unter Punkt 1.2. abgesteckt. Unter Punkt 1.3. wird der Versuch einer Gruppierung der in dieser Arbeit benutzten Quellen unternommen.
Die dem hier gestellten Thema zu Grunde liegende Frage, welchen Effekt die prä- und postnatalen Bräuche für das Individuum haben, diktiert Inhalt und Reihenfolge des weiteren Vorgehens. Der erste Schritt ist die Abgrenzung und Sicherung des Gegenstandes dieser Arbeit, der prä- und postnatalen Bräuche. Um dieser Anforderung Genüge zu leisten, wird unter den Punkten 2. und folgenden eine Darstellung der Couvade in Amazonien und eine Herausarbeitung deren charakteristischer Merkmale angestrebt. Die nächste Frage ist, wie die Gruppen die Ausübung dieser Bräuche selbst begründen. Mit dieser Frage wird der emische Bereich abgedeckt, der zum System selbst gehörende Innenstandpunkt oder die Handlungsweise aus der Sicht der Handelnden selbst.

Dieser Aspekt wird unter Punkt 3. und folgende behandelt. Unter Punkt 4. und folgende erfolgt abschließend die Betrachtung der prä- und postnatalen Bräuche von einem Standpunkt außerhalb des zu untersuchenden Systems: die Analyse und Deutung. Hier werden die Überlegungen angestellt, welche Funktion zu welchen Bräuchen zuzuordnen sind und welches Bild bei einer Zusammenfassung aller gewonnenen Eindrücke entsteht.

1.1. Definition der Couvade.

In der hier vorliegenden Arbeit habe ich zur Bezeichnung des Komplexes der prä- und postnatalen Bräuche zwei weitere Begriffe verwandt, die hier näher erläutert werden sollen. Der erste dieser Begriffe ist die Bezeichnung 'perinatal', der als Synonym für 'prä- und postnatal' angewandt wird. Der Begriff stammt aus der medizinischen Terminologie und bezeichnet die

> "... Zeit kurz vor, während und kurz nach der Geburt (heute etwa 7 Tage)". (Pschyrembel 1969:922)

Die Festlegung des postnatalen Zeitraumes mit einer Dauer von ca. sieben Tagen trifft für die hier untersuchten Bräuche nur bedingt zu. Wie sich noch zeigen wird, ist die Dauer der Gültigkeit postnataler Regeln von zu vielen Faktoren abhängig, als daß man einen einigermaßen exakten Zeitraum angeben könnte. Sicher ist nur, daß postnatale Regeln frühestens bei der Geburt einsetzen; der Zeitpunkt ihrer Erlöschung ist jedoch nicht genau festzusetzen. Manche der postnatalen Regeln gelten noch für eine Zeit bis zu ca. drei Jahren nach der Geburt. Ähnliches gilt in umgekehrter Weise für die Dauer der Existenz pränataler Regeln. Man kann hier den Zeitpunkt ihres Beginnens nicht exakt bestimmen, sondern lediglich aussagen, daß dieser irgendwann in der Schwangerschaft liegt. Die Existenz dieser Regeln endet per definitionem spätestens mit dem Zeitpunkt der Geburt. Der Vorteil der Bezeichnung perinatal liegt einerseits in seiner Kürze und andererseits darin, daß er nicht nur die Zeit vor und nach der Geburt, sondern auch die Geburt selbst mit einbefaßt. Aus diesen Gründen wurde sie hier bevorzugt benutzt.

Der zweite Begriff, der hier als Synonym für die Beschreibung prä- und postnataler Bräuche Verwendung findet, ist der der 'Couvade'. Er leitet sich aus dem französichen Wort 'couver' her, was übersetzt 'brüten' bedeutet. Seine erste wissenschaftliche Verwendung wurde von Tylor (1865:287f) vorgenommen. Ursprünglich wurde mit der Couvade das soge-

nannte 'Männerkindbett' umschrieben. Mit dem Begriff Männerkindbett ist eine Sitte gemeint, bei der sich der Vater bei der Geburt seines Kindes in sein Lager legt, die Symptome der Wehen und der Geburt nachahmt und nach erfolgter Geburt das Wochenbett hütet, während die Mutter des Neugeborenen schon kurz nach der Geburt wieder ihren täglichen Pflichten nachgeht. Der Begriff Männerkindbett wurde jedoch im Laufe der Zeit in ethnologischen Abhandlungen immer weniger angewandt und ist heute nur noch selten zu finden. Das langsame Verschwinden dieser Bezeichnung geht mit den immer größer werdenden Zweifeln an der Existenz einer solchen Sitte zusammen. Auf diesen Sachverhalt wird noch unter Punkt 2.2.2. ausführlicher eingegangen werden.
Der Begriff Couvade erfuhr dagegen in den letzten Jahren eine inhaltliche Erweiterung. Er wurde auch bei der Beschreibung des Verhaltens der Mutter bei der Geburt benutzt und umfaßt heute den gesamten Komplex von Verhaltensweisen, die bei beiden Eltern im perinatalen Zeitraum beobachtet werden können.

1.1.1. Kurzer Überblick über die bisher entwickelten Theorien über die Couvade.

Dieser Überblick soll keine vollständige Darstellung über die theoretische Behandlung der Couvade leisten, sondern lediglich einen Einblick in einige der bestehenden Theorien geben. Bereits in den aus dem Anfang des 18. Jahrhunderts vorliegenden Berichten über die Couvade stellten die Autoren (siehe z. B. Quandt 1807) Mutmaßungen über Sinn und Ursprung der prä- und postnatalen Bräuche an. Man kann in diesem Zusammenhang aber noch nicht von der Herausbildung von Theorien über die Couvade sprechen.
Bachofen (1861:17-25) stellte in seiner Untersuchung über die Adoption die These auf, daß die prä- und postnatalen Bräuche in einer Gesellschaft mit Mutterrecht dem Mann ein Mittel liefert, sein Kind zu legalisieren.
Tylor (1865:287f) sah die Couvade ursprünglich als einen

Ausdruck der physischen Verbindung zwischen Vater und Kind. Er verwarf diese Ansicht jedoch später (1889:254f) und war ebenso wie Bachofen von einer Beziehung zwischen Mutterrecht und Couvade überzeugt. Die Couvade sah er hierbei als ein sicheres Zeichen für den Übergang einer matriarchalischen Gesellschaft in eine patriarchalische an.
Die ursprünglich von Tylor aufgestellte These, daß die Couvade ein Ausdruck der physischen Verbindung von Vater und Kind sei, wurde von Frazer (1910:244-255) wieder aufgegriffen. Er unterteilte in seiner Untersuchung die Regeln der Couvade in pränatale, die er als leichte (easy) Couvade bezeichnete, und in postnatale, die er strenge (severe) Couvade nannte.
Eine neue Interpretation der Couvade erfolgte durch Kunike (1911 und 1912), der sie als einen von den Frauen erfundenen Brauch sah, der sicherstellen sollte, daß die Männer der Frau zu Hause bei der Beaufsichtigung des Kindes helfen. Er unterschied den ganzen Komplex der Regeln in das echte 'Männerkindbett' und in eine leichte durch die Regeln gekennzeichnete Couvade.
Karsten (1914/15) griff widerum die Tylorsche These von einer Verbindung zwischen Vater und Kind auf. Seine wesentliche Leistung liegt darin, daß er darauf hinwies, daß die Mutter den Regeln der Couvade gleichermaßen wie der Vater unterworfer ist.
Eine Interpretation, die von anderen Forschern nicht aufgegriffen wurde, lieferte Max Schmidt (1917:61-64). Er sah die Couvade als ein wirksames Mittel an, in einer matrilokalen Gesellschaft eine ökonomisch untergeordnete soziale Klasse zu schaffen. Diese Deutung wurde von Lowie (1948:36/37) unter dem Hinweis darauf, daß die Couvade nicht nur in matrilokalen Gesellschaften existiert, verworfen. Dawson (1929: 89/90) äußert in seiner Studie über die Couvade die Vermutung, daß sie ein Relikt einer alten religiösen Zeremonie sei. Er räumt jedoch ein, daß die vorhandenen Daten nicht ausreichen, um eine solche Interpretatin zu stützen.
W. Schmidt (1954) versucht, die Couvade in eine 'leichte'

pränatale und in eine 'eigentliche' prä- und postnatale/postnatale einzuteilen. Diese Unterteilung wird noch unter Punkt 2. diskutiert.
Die neueste umfassende Untersuchung über prä- und postnatale Bräuche stammt von Fock (1963:145-151). Er sieht die Couvade als einen durch die große Kindersterblichkeit motivierten und durch die animistischen Vorstellungen der Indianer geprägten Brauch an.

1.2. Die Gruppen und ihr Territorium.

Bei der Abgrenzung des hier zu untersuchenden geographischen Raumes wurden die im Handbook of South American Indians vorgenommenen Einteilungen als Grundlage genommen. Steward (1949:669) teilt die indianischen Kulturen Südamerikas in vier große Gruppen auf: Erstens die marginalen Kulturen, zweitens die Kulturen des tropischen Waldlandes, drittens die zirkumkaribischen Kulturen und viertens die Andenkulturen. Folgt man dieser Einteilung, dann sind die Kulturen der tropischen Wälder, die in Band drei des Handbook of South American Indians behandelt werden, Gegenstand dieser Arbeit. Das Zentrum der tropischen Wälder Südamerikas ist das Amazonasbecken. Nach der von Steward (1948B:883) vorgenommenen Einteilung gehören auch die Tupi-Gruppen entlang der Atlantikküste und der Rio de la Plata Region zu den Kulturen der tropischen Wälder. (Siehe dazu Abbildung 1 auf der folgenden Seite.) Diese Gruppen wurden bei der hier vorliegenden Bearbeitung der perinatalen Bräuche nicht berücksichtigt, um so ein zusammenhängendes, kompaktes Untersuchungsgebiet zu erhalten. Aus dem übriggebliebenem Gebiet, das im Folgendem auch als Amazonien bezeichnet wird, liegen genügend dokumentierte Fälle vor, um eine umfangreiche Bearbeitung des Themas zu gewährleisten.

Lowie (1948:1) nennt vier grundlegende Charakteristika einer tropischen Waldlandkultur:

1. Die Kultivierung tropischer Wurzelpflanzen, vor allem des bitteren Maniok, als Nahrungsmittel;
2. eine effektive Nutzung der Flüße;
3. den Gebrauch von Hängematten als Betten; und
4. die Herstellung von Töpferwaren.

Diese Punkte treffen nicht für alle Kulturen Amazoniens zu. Besonders die Benutzung der Hängematte als Bett läßt sich nicht für die gesamte Region behaupten. Es gibt zumindest in der Montana zahlreiche Gruppen, die Plattformen als Betten benutzen (Steward 1948C:520). Schaden (1979:120) nennt die kombinierte Nutzung von Jagd und Fischfang und eines

Abbildung 1

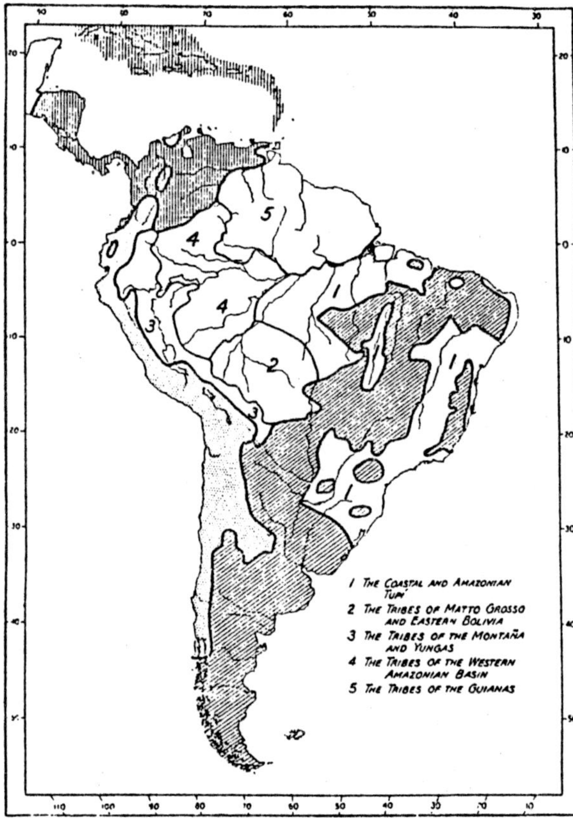

Karte von Südamerika mit dem Verbreitungsgebiet der in dieser Arbeit besprochenen Gruppen. Ausgenommen sind die Tupi Gruppen an der Atlantikküste und der Rio de la Plata Region. (Quelle: Handbook of South American Indians 1948:XXVI)

zumindest rudimentären Ackerbaus als mögliche Gemeinsamkeit der Kulturen des tropischen Tieflandes von Südamerika. Wenn auch die hier aufgeführten Charakteristika nicht für jede Gruppe Gültigkeit besitzen (und auch nicht besitzen müssen), so vermitteln sie doch den der Klassifizierung dieser Gruppen als Kulturen des tropischen Waldlandes zu Grunde liegenden Kriterien.

Der Terminus 'Gruppe' wird in dieser Arbeit bevorzugt, um Bezeichnungen wie Stamm, Volk, Kultur oder gar 'ethnische Einheit' zu vermeiden. Was in dieser Arbeit unter 'Gruppe' gemeint ist, sei an Hand einiger gemeinsamer Merkmale definiert (vergleiche hierzu: Mc Grath 1979:960):

1. Ihre Mitglieder haben ein gewisses Mass an gemeinsamen Wertorientierungen.
2. Sie sprechen eine gemeinsame Sprache. (Das heißt nicht, daß Individuen, die eine gemeinsame Sprache sprechen, umgekehrt eine Gruppe in dem hier gebrauchten Sinne sein müssen.)
3. Sie wohnen in nächster Nähe zueinander.
4. Zwischen den einzelnen Gruppenmitgliedern findet eine stete und häufige Interaktion statt.
5. Die Mitglieder der Gruppe sind bis zu einem gewissen Grad voneinander abhängig.
6. Alle Mitglieder der Gruppe haben als solche ein gewisses Mass gemeinsamer Interessen.

Um dem Leser einige Vergleichsmöglichkeiten zu bieten, wurde hier das Gebiet des Nordwest-Amazonas ausgewählt, in dem eine ausführliche Darstellung der Regeln der Couvade vorgenommen wird. Die Region des Nordwest-Amazonas ist von Steward (1948B:888f) definiert. Sie umfasst die östlichen Tucano und ihre Nachbarn an den Flüßen Vaupés und Caquetá, sowie die Witoto, die Tucuna und (unter Vorbehalt) die Yurimagua.

Die ungefähren geographischen Grenzen dieses Gebietes sind (siehe Abbildung 2 auf der folgenden Seite):

im Norden der Rio Guaviare und der Oberlauf des Rio Negro; im Osten eine gedachte Linie von der Mündung des Rio Vaupés (brasilianischer Name: Uaupés) in den Rio Negro bis zur Mündung des Caquetá (brasilianischer Name: Japurá) in den Ama-

Abbildung 2

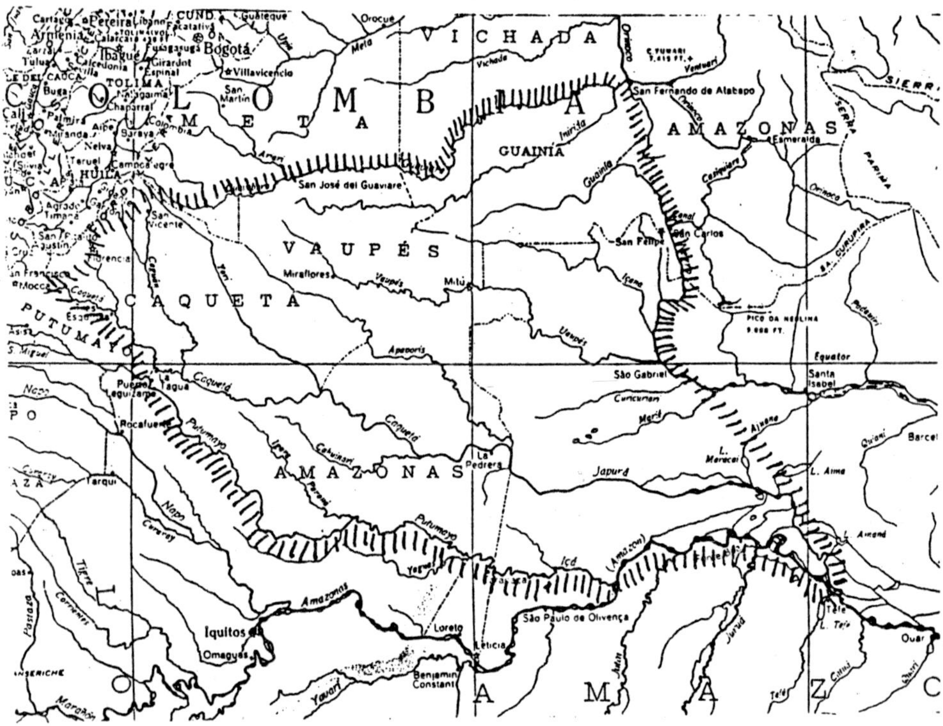

Karte mit dem Gebiet des Nordwest-Amazonas. Die schraffierten Linien bilden die ungefähren Grenzen des Gebietes. (Quelle: Rand McNally, Cosmopolitan, South America, ohne Datum)

zonas (brasilianischer Name: Salimões);
im Süden der Amazonas und der Rio Putumayo (brasilianischer Name: Içá);
im Westen die Ausläufer der Anden.
Die in diesem Gebiet lebenden Gruppen gehören, mit Ausnahme einiger unklassifizierter, den Sprachgruppen der Tupi, Tucuna, Arawak, Karibisch und Tucano-Betoya an.
Die Gruppennahmen werden im Allgemeinen in der Diktion des Handbook of South American Indians geschrieben. Eine Ausnahme dieser Regel bilden die im Handbook als Guaharibo, Waica oder Shiriana bezeichneten Gruppen, die hier als Yanoama geführt werden. In den Zitaten und bei der Besprechung der Zitate wurde die im Original benutzte Schreibweise beibehalten.

1.3. Die Quellen.

Als Material zur Bearbeitung dieses Themas wurde fast ausschließlich Literatur benutzt. Nach einer von Brandt (1980: 48) getroffenen Unterscheidung teilt sich die mir vorliegende Literatur in Quellen und Darstellungen, wobei mit Darstellungen die Literatur gemeint ist, die auf der Grundlage von Quellen geschichtlicher Vorgänge und Zustände entstanden ist. Bei der Darstellung der Couvade in Amazonien habe ich in diesem Sinne hauptsächlich Quellen verwandt, während bei den Überlegungen zur Funktion der perinatalen Bräuche in Amazonien in vermehrtem Maße Darstellungen zu Rate gezogen wurden. Eine Gruppierung der Quellen sollte nach Brandt (1980:49f) anhand des jeweiligen Erkenntniswertes der einzelnen Quellen vorgenommen werden. Der Erkenntniswert der hier benutzten Quellen richtet sich letztlich nach der Intention der einzelnen Berichterstatter. Daher möchte ich eine Gruppierung der Quellen hier auch nach dem Kriterium der Intentionen der einzelnen Berichterstatter vornehmen:

1. Die Berichte von Reisenden. Hier sind Reisende gemeint, die, oft aus naturwissenschaftlicher Absicht, das Amazonasgebiet durchquerten. Ihre Anmerkungen über die Verhaltensweisen der Indianer sind oft 'unwillkürlich' entstanden, d.h. sozusagen als Nebenprodukt des eigentlichen Forschungszieles. Schilderungen perinataler Bräuche lassen sich in ihnen nur selten finden. Diese Quellen waren daher bei der Bearbeitung dieses Themas von nur geringem Erkenntniswert.
2. Die Berichte von Missionaren. In ihren Berichten über die Bedingungen und Umstände ihrer Missionsarbeit beschrieben die Missionare, wie z. B. Quandt (1807) oder Brett (1868), die Sitten und Bräuche der Indianer oft sehr ausführlich. Die Auswahl der weitergegebenen Informationen spielt jedoch eine erhebliche Rolle, da die Missionare eher dazu neigten, das Ungewöhnliche als das Gewöhnliche zu schildern. Viele dieser Informationen sind mit einer Wertung versehen. So beschreibt Rivero (1883:354) das perinatale Verhalten der Indianer z. B. als eine "cosa ridicula." Da man diese Wertun-

gen jedoch leicht erkennen und daher leicht herausfiltern kann, ist der Erkenntniswert der in den Missionarsberichten erhaltenen Informationen relativ gut. Es bleibt anzumerken, daß aus der Zeit vor der Mitte des vorigen Jahrhunderts fast ausschließlich Informationen aus den Berichten von Missionaren erhältlich sind.

3. Die Berichte von ethnographisch interessierten Reisenden. Für diese Quellen trifft im Wesentlichen auch das über die Berichte der Missionare gesagte zu. Auch hier spielen Auswahl und Wertung der weitergegebenen Informationen eine große Rolle. Auch hier wurde das Augenmerk mehr auf das Außergewöhnliche als auf das Selbstverständliche gerichtet. Aus diesem Grund finden sich hier häufig detaillierte Schilderungen über das Verhalten des Mannes bei der Geburt seines Kindes, was den Berichterstattern an ihrem euro- amerikanischen Hintergrund gemessen, ungewöhnlich erschien, während die Handlungen der Frau in den Schilderungen kaum berücksichtigt wurden. Ein typischer Vertreter dieser ethnographisch interessierten Reisenden ist z. B. Crevaux (1883). Der Erkenntniswert dieser Quellen hängt davon ab, ob man Vergleichsmaterial zur Verfügung hat oder nicht. Da die in diesen Berichten enthaltenen Informationen oft die einzigen zugänglichen sind, kann man viele der hier enthaltenen Angaben nur unter Vorbehalt verwenden.

4. Die Berichte der Ethnographen. Ethnographen sind Forscher, die mit dem erklärten Ziel, Informationen über Sitten und Bräuche gewisser Gruppen zu erhalten, zu diesen reisen und diese beschreiben. Ihre Ausbildung liefert ihnen gewisse Vorkenntnisse über das Erheben von Daten und über die zu untersuchende Kultur, wie auch über Kulturen allgemein. Sie versuchen Auswahl und Wertung möglichst gering zu halten, d.h. ein Optimum an Objektivität bei der Vermittlung von Informationen über eine von ihnen beobachtete Kultur zu erreichen. Dazu gehört eine Beschreibung der Umstände der Datenerhebung , eine möglichst wertfreie Widergabe der Informationen und die Einbettung der gesammelten Daten in den jeweiligen kulturellen Kontext. Als Beispiele für diese Art

der Ethnographie möchte ich hier Fock (1963) und Kloos (1971) anführen. Der Erkenntniswert für die vorliegende Arbeit ist bei dieser Art von Quellen am größten.
Neben den hier gruppierten Quellen wurden noch andere benutzt, wie z. B. die von Ferrero (1967), der seine Beobachtungen mit denen Anderer verglich, oder die Briefe von Kolonialbeamten, wie sie von Maurel (1884) veröffentlicht wurden, oder mündliche Information (Frank 1982).
Für die Überlegungen zur Funktion der Couvade wurde Literatur aus allen Wissensgebieten herangezogen, von der ich mir Einsichten über das perinatale Verhalten der hier untersuchten Indianer versprach.
Es soll nicht unerwähnt bleiben, daß ich bei der Bearbeitung der Quellen auf Schwierigkeiten stieß, von denen ich hier einige stellvertretend anführen möchte. Sie können dem Leser Aufschluß über das Zustandekommen einiger in dieser Arbeit verwerteten Informationen geben.
In seiner "Beschreibung der Kolonien Surinam" spricht Fermin (1775) auf den Seiten 71 und 72 von dem Verhalten der "Negerfrau" bei der Gerburt. Das Kapitel handelt aber von Indianern und auch im Index dieses Buches ist unter dem Stichwort Indianer die Seite 71 angegeben. Schwangerschaft und Niederkunft der Negerinnen werden in einem anderen Kapitel auf Seite 134 behandelt. Diese Indizien führen mich zu der Annahme, daß es sich hier vermutlich um einen bei der Übersetzung entstandenen Fehler handelt. Eine Überprüfung dieser Vermutung konnte jedoch nicht vorgenommen werden, da ich das französiche Orginal nicht einsehen konnte. So wurden die Informationen Fermins hier unter Vorbehalt als eine über das Verhalten von Indianerinnen verwertet.
Manche Berichte liefern keine Angaben über das Zustandekommen der in ihnen enthaltenen Behauptungen. Ein Beispiel hierfür liefert Speiser:

> "Auf Rassenmischung wird von einigen Forschern auch eine merkwürdige Sitte zurückgeführt, die wir leider nicht beobachten konnten, weil während unseres Aufenthaltes kein Kind geboren wurde: die Couvade. Sie besteht darin, daß

der Vater eines neugeborenen Kindes sich gebärden muß, wie wenn er das Kind zur Welt gebracht hätte. Während die Mutter bald nach der Geburt ihren alltäglichen Arbeiten nachgeht, als sei nichts geschehen, liegt der Vater in der Hängematte und läßt sich pflegen wie eine Wöchnerin bei uns." (1969:168)

Speiser gibt hier nicht an, welche Forscher die Couvade angeblich auf Rassenmischung zurückführen. Mir ist eine solche These nicht bekannt und ich konnte sie daher auch nicht überprüfen. Weiterhin behauptet Speiser hier ohne den geringsten Zweifel aufkommen zu lassen die Existenz des Männerkindbettes. Er selber hat es jedoch nicht beobachtet und führt auch nicht aus, welche Forscher es angeblich beobachtet haben sollen. Diese Behauptung ist daher auch nicht zu überprüfen. Da es sich bei Schilderungen dieser Art weder um Quellen noch um Darstellungen im obigen Sinne handelt, wurde auf eine Verwertung dieser und ähnlicher Literatur verzichtet.

In manchen Berichten ist die Art und Weise der Datenerhebung anfechtbar. Hierzu gehört z. B. Tessmanns Buch "Die Indianer Nordost-Perus" (1930). Tessmann hatte oft nur eine geringe Zahl von Informationen zur Verfügung und kannte die von ihm beschriebenen Kulturen nicht aus eigener Anschauung. Es ist daher nicht verwunderlich, das Tessmanns Angaben oft denen anderer Autoren widersprechen. Da die anderen Autoren in der Regel eine bessere Kenntnis der von ihnen beschriebenen Kulturen hatten, wurden im Zweifelsfall die Angaben Tessmanns als unrichtig erachtet.

2. Darstellung und quellenkritische Diskussion der perinatalen Regeln in Amazonien.

> "Each primitive culture makes its own selection of bodily functions which it emphazises as dangerous or good. The problem then is to understand the principles of selection." (Douglas 1979:60)

Die Couvade ist, wie jeder andere Brauch auch, ein reglementiertes menschliches Verhalten. In den Kapiteln 2.1. bis 2.6. soll versucht werden, über die Darstellung der einzelnen perinatalen Verhaltensweisen in Amazonien auf die diesen zu Grunde liegenden Prinzipien, die hier als Regeln bezeichnet werden, zu schließen. Dies kann nicht durch eine möglichst lückenlose Darstellung der Couvade in einer Einzelkultur erreicht werden. Es ist vielmehr notwendig, die generellen Aspekte der Couvade bei den einzelnen Gruppen zu isolieren. Als lokale Varianten zu bezeichnende Verhaltensweisen, die in einzelnen Gruppen auftreten können, sind daher für die Arbeit nicht relevant, sondern nur die Prinzipien, auf denen sie basieren. Im weiteren methodischen Vorgehen soll dann von diesen Prinzipien auf die sie begleitenden Funktionen geschloßen werden.
In seiner globalen Untersuchung der Couvade versuchte W. Schmidt (1954) eine Systematisierung der perinatalen Regeln vorzunehmen. Er unterschied die Regeln nach der Dauer ihrer Gültigkeit in pränatale, prä- und postnatale und postnatale. Eine solche Unterscheidung wird in dieser Arbeit letztlich nicht vorgenommen, da die den prä- und auch den postnatalen zu Grunde liegende Prinzipien im Wesentlichen die gleichen sind. Es ist unstrittig, daß sich die Mehrzahl der bekannten Regeln auf den postnatalen Zeitraum beziehen. Die Diskrepanz in der Verteilung der Häufigkeit prä- und postnataler Regeln erklärt sich aber aus einer simplen Tatsache: Die Mehrzahl der perinatalen Regeln beziehen sich explizit auf einen 'normalen' Verlauf von Schwangerschaft, Geburt und Frühkindheit. Anomale Entwicklungen in der Schwangerschaft, wie z. B. Mißbildung oder Fehllage des Foetus,

sind von außen -ohne die uns heute zur Verfügung stehenden technischen Hilfsmittel- nur schwer zu erkennen. Ein anomaler Verlauf der Geburt oder der Entwicklung des Kleinkindes sind dagegen sofort feststellbar. Es ist von daher lediglich eine logische Konsequenz, daß sich der überwiegende Teil der perinatalen Regeln, die ja helfen sollen, Anomalitäten zu vermeiden, auf die Geburt und die Zeit nach der Geburt beziehen. Die von W. Schmidt vorgenommene Unterteilung und die Bezeichnung der prä- und postnatalen und postnatalen Bräuche als 'eigentliche' Couvade sind daher für die Suche nach den Funktionen der Couvade nicht dienlich.
Die von W. Schmidt vorgenommene Auflistung der die Couvade praktizierenden Gruppen in Amazonien weist einige auf, denen perinatale Regeln angeblich nicht bekannt sein sollen. Wie ich im weiteren Verlauf dieser Arbeit zu belegen versuche ist aber allen Gruppen zumindest ein Teil dieser Regeln und das ihnen zu Grunde liegende Prinzip bekannt. Eine unterschiedlich intensive Befolgung der perinatalen Anweisungen, die sich im vermehrten oder verminderten Praktizieren der Couvade manifestiert, läßt, wie die weitere Argumentation zeigen wird, nicht auf die vermehrte oder verminderte Kenntnis des Prinzips der Regeln der Couvade, die Sicherung eines "normalen" Ablaufs des perinatalen Zeitraumes, schließen.
Bei der folgenden Behandlung des Themas versuche ich so vorzugehen, daß die bei den einzelnen Gruppen praktizierten Bräuche auf die sie reglementierenden Vorschriften reduziert werden. Um dieses Ziel zu erreichen, habe ich eine Kategorisierung der Regeln vorgenommen, die sich an dem Kriterium orientiert, welcher Bereich des täglichen Lebens der Indianer von diesen Regeln betroffen ist.
Die meisten der dokumentierten Vorschriften beziehen sich auf die Ernährung, die hier als erste Kategorie festgesetzt wurden. Eine kaum geringere Zahl betreffen den Umgang mit Gebrauchsgegenständen und das Arbeitsverhalten. Sie wurden der zweiten Kategorie, die sich mit alltäglichen Handlungen befaßt, zugeordnet. Die Bevorzugung des Aufenthaltes

an bestimmten Orten -auch des Ortes der Geburt selbst- wurde in die dritte Kategorie, die sich mit der Lokalität befaßt, eingeordnet. Da auch das Sexualverhalten reglementiert ist, wurden diese Vorschriften in eine vierte Kategorie gefaßt. Schließlich deuten noch einige Anhaltspunkte darauf hin, daß auch der Kontakt mit anderen Personen bestimmten Vorschriften unterliegt. Diese werden in der fünften Kategorie behandelt.

Gegenstand dieser Untersuchung sind ausschließlich die Regeln, die sich in ihrer Formulierung ausdrücklich auf die Zeit vor, während und nach der Geburt beziehen. Es darf jedoch nicht unerwähnt bleiben, daß eine Anzahl von Regeln existiert, die sich nicht ausdrücklich auf eine aktuelle Geburt beziehen, trotzdem aber auf das perinatale Verhalten der Eltern einen Einfluß ausüben können. Bei den Taulipang z. B. dürfen alle Personen, die selbst noch Kinder bekommen wollen, bestimmte Fische nicht essen (Koch-Grünberg 1923:134). Das Verhalten der Taulipang Eltern bei der Geburt wird -sofern sich diese noch weitere Kinder wünschen- de facto also auch von dieser Regel beeinflußt. Da diese Regel im eigentlichen Sinne aber keine perinatale ist, sondern auch zu anderen Zeitpunkten als dem der Geburt zu befolgen ist, wird sie, wie auch ähnliche, hier nicht untersucht.

Einige der perinatalen Regeln beziehen sich nicht nur auf das Verhalten der Eltern, sondern auch auf andere, meist verwandte Personen. Diese Regeln werden hier nicht behandelt. Ich glaube versichern zu können, daß durch diese Aussparung die Charakteristika der Couvade nicht verfälscht werden. Auf das perinatale Verhalten von Schamanen und ähnlichen exponierten Personen, wie z. B. politischen Führern, wird bei der Darstellung der Couvade nicht gesondert eingegangen, obwohl dies in manchen Quellen vorgenommen wird. Dieses Vorgehen möchte ich damit begründen, daß diese Personen in der Regel den gleichen Vorschriften wie andere Eltern auch unterworfen sind, nur mit dem Unterschied, daß sie sich strikter an die Vorschriften zu halten haben als

diese. Die für diese Personen existierenden Regeln unterliegen also den gleichen Prinzipien.
Wenn in folgendem Text von dem Vater die Rede ist, so ist damit immer der soziale ´pater´, nicht aber der ´genitor´ gemeint. Es ist normalerweise der ´pater´, der die Couvade zu beachten hat, selbst wenn er weiß, daß das Kind seiner Frau nicht seines ist:

> "One Trio who was seen to practise couvade restrictions was perfectly aware, that his wife´s child was not his." (Riviere 1969:63)

2.1. Regeln, die die Ernährung betreffen.

Im folgenden Kapitel wird untersucht, inwiefern die Ernährungsgewohnheiten der Indianer vor, während und nach der Geburt von den perinatalen Regeln beeinträchtigt werden.

2.1.1. Darstellung des ernährungsbezogenen Verhaltens in Nordwest-Amazonien.

Die in Nordwest-Amazonien belegten Fälle der auf die Ernährung bezogenen Regeln werden im Folgenden für jede Gruppe einzeln aufgeführt. Die Gruppen werden in alphabetischer Reihenfolge abgehandelt. Die Quellen sind jeweils hinter dem Gruppennamen angegeben.

BARASANA und TAIWANO (Langdon 1975=86-88; Langdon 1981=69)
Mann und Frau der Barasana und Taiwano fasten postnatal. Die Rückkehr zur gewohnten Nahrung geht stufenweise vor sich. Nach und nach werden immer mehr Speisen in die tägliche Nahrung eingefügt, bis der Mann nach annähernd zwei Monaten und die Frau nach annähernd drei Monaten wieder die gesamte Fülle ihrer gewohnten Nahrung zu sich nehmen dürfen. Das stufenweise Einfügen der tabuisierten Nahrungsmittel in den Speiseplan richtet sich nach einem Konzept der 'Gefährlichkeit' der einzelnen Nahrungsmittel. Am 'gefährlichsten' ist das Fleisch von Säugetieren, Vögeln und großen Fischen, das auch konsequenterweise als letztes wieder 'eßbar' wird.

BORA (Tessmann 1930:278; Girard 1958:94)
Über etwaige Speisetabus der Eltern der Bora im pränatalen Bereich habe ich keine Angaben gefunden. Postnatal ernähren sich beide Eltern von Gemüse -vermutlich ist hier hauptsächlich Maniok gemeint-, kleinen Fischen und Palmbohrerlarven (Calandra Palmarum). Girard betont, daß diese Larven von hohem Nährwert seien. Die Dauer, wie auch die Intensität der Befolgung dieser Restriktionen , variiert je nach dem Geschlecht des Neugeborenen. Ist es ein Junge, werden die Regeln strikter und die doppelte Zeit beachtet.

CUBEO (Koch-Grünberg 1909/10: II 145; Goldman 1948:787;

Goldman 1963:167-170)
Koch-Grünberg berichtet, daß der Vater bei den Cubeo keinerlei pränatalen Restriktionen unterworfen ist. Goldmann dagegen führt aus, daß der Cubeo Vater pränatal möglichst keine Bananen essen sollte, da dies eine Zwillingsgeburt zur Folge haben könnte. Weiterhin:

> "If at this time he should greedily break off a bit of manioc cake when it is still on the oven, the child will be born deformed." (Goldman 1963:167/8)

Diese Beobachtung ist als solche im Gesamtkontext der Cubeo Kultur nur schwer zu verstehen. Meine Interpretation geht dahin, daß hier nicht etwa von einem auf Maniokprodukte bezogenen Verbot die Rede sein kann, sonders daß die Betonung bei dieser Verhaltensregel auf "greedily" liegt. Das heißt, daß dem Vater hier nicht ein bestimmtes Nahrungsmittel untersagt wird, sondern daß er keine 'Gier' zeigt und sich 'maßvoll' verhält. Eine Rechtfertigung dieser Interpretation ergibt sich daraus, daß eine Tabuisierung des Manioks, der das Hauptnahrungsmittel der Cubeo ist, ein markantes Defizit in der Diät des Cubeo Vaters bedeuten würde und einem aufmerksamen Feldforscher mit Sicherheit aufgefallen und beschrieben worden wäre. Das ist jedoch nicht der Fall.
Die pränatalen Ernährungsvorschriften sind laut Koch-Grünberg für die Frau weitaus restriktiver. Sie verbieten ihr generell alle Vierfüßler, insbesondere Tapir, Capivara und Hirsch. Sie darf jedoch alle Vögel und alle Fische mit Ausnahme des Pirarára (Silurus pirarara) essen. Goldman hingegen berichtet von keinen für die Frau bestehenden pränatalen Speiseverboten. Leider wird aus diesem Text nicht klar, ob er keine beobachtet oder nur keine beschrieben hat.
Beide Autoren sind sich jedoch darüber einig, daß beide Cubeo Eltern postnatalen Ernährungsvorschriften unterworfen sind. Während in diesem Fall Koch-Grünberg keine näheren Angaben macht, beschreibt Goldmann die normale postnatale Diät wie folgt:

> "They drink little water, eat only stale manioc bread and, if they wish, ants." (Goldman 1963:168)

Die Dauer dieser diätetischen Regeln wird von Koch-Grünberg mit fünf Tagen angegeben. Goldman (1948) stimmt damit ursprünglich noch überein; in seiner 1963 erschienenen Monographie präzisiert er seine Beobachtungen jedoch dahingehend, daß ihm seine Informanten zwar einen Zeitraum von zehn Tagen angegeben hätten, in der die postnatalen Regeln zu befolgen seien, er selber jedoch nur eine dreitägige Beachtung der Ernährungsregeln beobachten konnte.
Es ist anzunehmen, daß sich die Aussagen der Informanten hier lediglich auf ein kulturell definiertes <u>ideales</u> Verhalten beziehen, während die <u>real</u> eingehaltene Periode von drei Tagen der durchschnittlichen Praxis entspricht.
Die Rückkehr zur gewohnten Nahrung vollzieht sich durch eine magische Reinigung aller als 'gefährlich' klassifizierten Nahrungsmittel.

> "Every food is a source of danger to the infant and to the parents so that a specific spell must be recited to decontaminate each item. ... Each species must be addressed by name and its specific qualities mentioned." (Goldman 1963:169)

<u>MUENANE</u> (Tessmann 1930:337)
Die Muenane ernähren sich postnatal für eine unbestimmte Zeit von Fischen und kleinen Vögeln und meiden vor allem Wildbrett.
<u>OKAINA</u> (Tessmann 1930:558; Girard 1958:129)
Tessmann spricht von einem vier Wochen bestehenden postnatalen Speisetabu auf Tapir, Spießhirsch, Affe und Paka, das von beiden Eltern zu beachten ist. Girard differenziert diese Aussage dahingehend, daß in dem Fall, wo das Neugeborene ein Mädchen ist, die strikte Einhaltung der Regeln lediglich einen Tag dauert und danach nachläßt.
Im Fall der Geburt eines Jungen bestätigt er jedoch Tessmanns Angaben.
<u>PIRA-PARANA</u> (C.Hugh-Jones 1979: 125,131,142)
Die Eltern der Pirá-Paraná sind postnatal auf eine Diät aus

Maniokprodukten, Wasser und einigen bestimmten Ameisen und Termiten beschränkt. Die Aufhebung der Nahrungsmitteltabus erfolgt auf magischem Wege. Dieser Prozeß dauert für Frauen länger als für Männer. Dieser Umstand beruht auf dem Glauben, daß die als 'gefährlich' klassifizierte Nahrung durch die Muttermilch auf die Kleinkinder übertragen werden könnte. Frauen jedoch, die bereits drei Kinder lebend aufgezogen haben, müssen sich in Bezug auf die Nahrung generell nicht so vorsichtig verhalten wie Frauen mit weniger Kindern.

SIUSI (Koch-Grünberg 1909/10:I182/3)

Während der Schwangerschaft darf die zukünftige Mutter alles essen. In einer fünftägigen postnatalen Phase ernähren sich beide Siusí Eltern nur von Maniok (Beijú) und Pfeffer.

TUCUNA (Nimuendajú 1948:717 und 1952:68-70)

Während der Schwangerschaft scheinen für die Tucuna Eltern keine besonderen Nahrungsmittelrestriktionen zu bestehen. Die künftige Mutter zeigt jedoch gewisse Präferenzen für Pfeffer und bestimmte Innereien des Alligators. Weiterhin sollte sie es vermeiden, 'double bananas' zu essen, weil sie dann ausschließlich Töchter gebärden würde, 'twin bananas' würden zur Geburt von Zwillingen führen.

Die postnatale Diät beider Eltern besteht hauptsächlich aus kleinen Fischen und Vögeln, Maniok und Bananen. Beide Eltern sollten als 'acid food' klassifizierte Nahrung meiden.

Die Vorsichtsmaßnahmen gelten bis die Nabelschnur des Neugeborenen abfällt (zwischen dem 3. und 10. Tag nach der Geburt), wobei sich die junge Mutter jedoch generell über einen längeren Zeitraum hinweg vorsichtiger verhalten sollte als der Vater.Die Größe der Fische, die der Vater verspeisen darf, wächst analog mit der Größe des Kindes. Bis das Kind gehen kann (mit ca. einem Jahr) sollte der Vater nicht jagen und keine Jagdbeute verzehren. Er sollte weiterhin keine alkoholischen Getränke im Übermaß genießen, obwohl sie ihm nicht grundsätzlich verboten sind.

TUYUKA (Koch-Grünberg 1909/10: 1312)

Die Tuyúka Eltern nehmen fünf Tage lang postnatal keine

feste Speise zu sich.
WITOTO (Preuss 1921:164; Tessmann 1930:326; Steward 1948a: 757) .
Als pränatale Vorschrift besteht nach Steward nur die, daß die Witoto Mutter kein Fleisch essen darf. Preuss berichtet, daß der Vater für einen Zeitraum von fünf Tagen postnatal und die Mutter für einen Zeitraum von vierzehn Tagen postnatal kein Fleisch verzehren darf. Im Gegensatz dazu steht die Aussage Tessmanns, daß es bei den Witoto keine auf die Geburt bezogenen Nahrungsmittelvorschriften gibt. Steward wiederum führt aus, daß es postnatale Nahrungsmittelrestriktionen gebe und deren Dauer von manchen Autoren auf drei bis sechs Wochen angegeben wird. Leider schreibt Steward nicht, auf welche Autoren er sich hier bezieht, so daß ich diese Angaben unüberprüft lassen mußte.

2.1.2. Diskussion der vorhandenen Daten.

Nach den mir vorliegenden Quellen sind perinatale Ernährungsvorschriften über das gesamte tropische Südamerika verbreitet. Das heißt nicht, daß sie bei jeder Gruppe dokumentiert sind, sondern daß es keine Region gibt, in der nicht Gruppen anzutreffen sind, die sie kennen. Als 'klassisches' Kerngebiet dieser Bräuche werden hierbei von Lowie (1948:36) die Guayanas angesehen. Ich stimme mit dieser Ansicht insofern überein, daß es über die Guayanas die meisten Quellen gibt. Es erscheint mir jedoch zweifelhaft, ob damit eine Aussage über das Verhalten der Indianer gemacht wird oder nicht vielmehr eine über die Interessen der Berichterstatter. Auffallend ist, daß uns pränatale Ernährungsregeln in wesentlich geringerem Maße als postnatale überliefert sind. Dies trifft auch für den Nordwest-Amazonas zu, wo wir lediglich die Cubeo, Tucuna und Witoto als Gruppen anführen können, für die pränatale Speisevorschriften dokumentiert sind. Gerade diese Gruppen machen aber auch die Unmöglichkeit der Behauptung deutlich, daß andere Gruppen solche Regeln nicht kennen, denn gerade sie sind die am besten dokumentierten. Es erscheint mir nicht gerechtfertigt, daraus auf ein Nicht-Vorhandensein pränataler Ernährungsregeln bei den anderen Gruppen zu schließen. Es ließe sich eine Reihe von Gründen anführen, die diese Diskrepanz begründen könnten. Vermutlich beobachteten viele Berichterstatter erst des Verhalten der Indianer von einem Zeitpunkt unmittelbar vor der Geburt -vielleicht mit Einsetzen der Wehen- an, so daß es sich bei der fehlenden Beschreibung pränataler Regeln einfach um Beobachtungslücken handelt.

Daß es mitunter nicht einfach ist und dem Zufall überlassen bleibt, pränatale Regeln in Erfahrung zu bringen, möchte ich hier an einem Beispiel der Sirionó demonstrieren:

> "One day ... one of my male informants had several tortoises hanging by lianas from a beam in the house. Early in the morning of the following day it was found that one of these tortoises had 'dropped' her eggs on the floor during the night, and that they were broken. The tortoise was cooked and eaten immediatly, but the informant's wife would have no part of the flesh. She told me that if she partook of any of this tortoise she would have a miscarriage - that she would 'drop' her child in the same manner as the tortoise had 'dropped' its eggs." (Holmberg 1969:175)

Bei den uns postnatal überlieferten Regeln finden sich in den älteren Quellen nur vage Angaben, wie die Ernährung der Eltern in dieser Zeit aussieht. Ich möchte hierzu ein Beispiel anführen:

> "An odd custom prevails among these wild Indians when an addition is made to the family circle. ... the husband immediatly takes to his bed for eight days, during which time the wife serves him in the choicest dainties she can procure." (Orton 1875:172)

Viele Quellen, wie im Falle des Nordwest-Amazonas Koch-Grünberg über die Tuyúka, erwähnen als erlaubte oder bevorzugte Nahrung 'leichte Speisen' oder 'flüssige Nahrung' im Gegensatz zu 'kräftigen', 'starken' oder 'festen' Nahrungsmitteln. Wenn man die Ernährungsgewohnheiten der indianischen Bewohner Amazoniens kennt, wird klar, daß mit der Präferrenz 'leichter' oder 'flüssiger' Nahrung entweder Maniok- oder Bananenbrei oder sonstige zusammengekochte breiähnliche Speisen gemeint sein müssen. Ein weiterer Anhaltspunkt für diese Behauptung findet sich in einer Auflistung der spezifizierten verbotenen Nahrung. Im Nordwest-Amazonas existieren gemäß meiner Darstellung Verbote von 'großen Tieren', sowie Säugetieren (Barasana), Vierfüßler (Cubeo), Wildbrett (Muenane) oder gar ganz allgemein Fleisch (Witoto). An verbotenen Tierarten werden genannt: Tapir (Cubeo, Okáina), Capivara (Cubeo), Hirsch (Cubeo, Okáina), Paka (Okáina) und Affe (Okaina).

Diese Liste ließe sich für die gesamte Amazonasregion um viele Tierarten erweitern von denen hier stellvertretend die zwei meistgemannten angeführt seien: Das Aguti und das Pekkari. Allen diesen Tieren ist eins gemein: Sie sind in der Tat, wie auch von den Indianern klassifiziert, zumindest was ihre eßbare Substanz angeht, 'große Tiere'. Interessant in diesem Zusammenhang ist, daß auch Tiere, die nicht zum traditionellen Fleischreservoir der Indianer gehören, aber trotzdem das Kriterium der 'Größe' erfüllen, mit in diese Verbote einbezogen werden. So erfahren wir z. B. von einer Quijo Gruppe:

> "Dicen que si el padre comiera carne de <u>cerdo</u>, el niño tendria mala vista." (Oberem 1971:195)

Ein weiteres Indiz liefert mir die Information von Frank (1982), daß die Cashibo postnatal kein Kuhfleisch verzehren sollten.

Auch Fische und Vögel werden nach dem Kriterium der Größe beurteilt. Während kleine Fische und Vögel mancherorts durchaus erlaubt sind (siehe z. B. bei den Muenane), sind die großen Exemplare, wie z. B. der Piraracú (Arapaima gigas) bei den Fischen und das Mutum (Hokko Crax sp.) bei den Vögeln, in der Regel tabuisiert.

Die Anreicherung der Diät durch einige Insektenarten, wie

gewisse Larven, Ameisen oder Termiten stellen offensichtlich eine Versorgung der Couvade haltenden Eltern mit Proteinen dar.
Einen Sonderfall innerhalb dieses Komplexes bilden zusammengewachsene Pflanzen mit 'double-' oder 'twin ears'. In Nordwest-Amazonien wird ihre Tabuisierung ausdrücklich bei den Tucuna berichtet. Andere Fälle werden z.B. von den Waiwai (Fock 1963:141) oder den Sirionó (Holmberg 1969:174) überliefert. Ich vermute auch, daß die Beobachtung Goldmans, daß der Cubeo Vater eigentlich keine Bananen essen sollte, nichts anderes bedeutet, als daß damit der zufällige Verzehr von solchen 'double bananas' vermieden werden soll. Solche Verbote, die im Glauben der Indianer eine Zwillingsgeburt oder nur noch Geburten von Mädchen verursachen, sind nichts anderes als der Versuch, die anzahlmäßige und geschlechtliche Zusammensetzung der Familie zu kontrollieren. Sie werden unter Punkt 3.3. ausführlicher behandelt.
Zusammenfassend läßt sich aus diesen Daten eine Schlußfolgerung über die Qualität des Speiseplans der Eltern im perinatalen Bereich gewinnen: Beide Eltern ernähren sich in dieser Zeit vorwiegend von Gartenprodukten, in der Hauptsache Maniok oder Bananen, und zusätzlich von kleinen Vögeln und kleinen Fischen. Diese Diät kann durch einige Insektenarten angereichert werden. Es gibt keine Anhaltspunkte dafür, daß die Ernährungslage durch diese qualitativen Beschränkungen verschärft wird.
Um eine Aussage über die Quantität der verzehrten Lebensmittel im perinatalen Bereich machen zu können, muß man die Intensität, mit der die Restriktionen beachtet werden einer Untersuchung unterziehen.
In einer Quelle des 16. Jahrhunderts informiert uns Diego de Ortegón über die Quijo:

"... se dice .. que, cuando las mujeres dan a luz, hay grandes ceremonias, que se ayuna durante 20 o 30 dias y que en este lapso, los indios no comen nada, sino que solamente toman chicha, mastican coca y se contentan con

> el humo de una hierba recolectada para esta ocasión: dice que a algunos, el ayuno les debilita tanto que mueren a consecuencia de ello." (Oberem 1971:194)

Diese Quelle ist schwer zu bewerten, da es sich offensichtlich nicht um eine eigene Beobachtung handelt, sondern nur um etwas 'Gehörtes'. Mir erscheint die Konsequenz des Todes als Folge postnatalen Fastens aber von daher unglaubwürdig, daß ein solch bedeutender Einschnitt in das Leben der entsprechenden Gruppe sowohl von dieser öfter berichtet sein müßte , als auch von Berichterstattern öfter dokumentiert sein müßte.
In einem ähnlichen Zusammenhang ist die Behauptung von Martius (1867:428) zu sehen, daß der Culino Vater fünf Tage lang postnatal garnichts zu sich nimmt. Würde diese Behauptung stimmen und der Vater fünf Tage lang weder etwas essen noch etwas trinken wäre die Folge unweigerlich eine lebensbedrohende Schwächung der physischen Konstitution. Zwar kann der Mensch längere Zeit, auch über fünf Tage hinweg, ohne feste Nahrung auskommen, ohne Flüssigkeitsaufnahme aber würde er seine Gesundheit in einen gefährlichen Zustand versetzen. Davon berichtet Martius jedoch nichts, so daß es sich meiner Meinung nach hierbei, wie auch bei vielen anderen Aussagen von Martius, lediglich um ungenaues Beobachten oder unkritische Wiedergabe einer nicht exakt recherchierten Information handeln kann.
In einen ähnlichen Tenor stimmt auch der Bericht von Simson über die Pioje ein, mit der Ausnahme, daß er nicht behauptet eine Schwächung -zumindest der Mutter- beobachtet zu haben, sondern er sich nur darüber wundert, daß eben eine solche Schwächung offensichtlich nicht eintritt:

> "Another very curious custom is that of both father and mother fasting for days after the birth of a child. Sometimes this is kept up so long that it is a wonder does not sink under the debilitating ordeal." (Simson 1879:222)

Eine solche Beobachtung läßt weniger darauf schließen, daß Simson eine Schwächung nur aus mangelnder Gelegenheit

nicht bemerkt hat, als vielmehr darauf, daß eine solche Schwächung real nicht vorhanden ist und das Fasten der Pioje Eltern nicht als Verweigerung jeglicher Nahrungsaufnahme gedeutet werden kann.
Glaubwürdiger sind hingegen Berichte wie z. B. der von Barandiarán (1967:39) über die Sanéma-Yanoama, in dem es heißt, daß sich die junge Mutter am Tage der Geburt ausschließlich von Wasser ernährt. Eine solche Praxis würde keinerlei gesundheitliche Konsequenzen mit sich ziehen. Bräuche, bei denen durch freiwilliges Fasten eine bewußte Schwächung der körperlichen Physis herbeigeführt wird, werden meiner Kenntnis nach in Amazonien nur dann praktiziert, wenn durch eben diese Schwächung eine gesteigerte Sensibilität für mentale Erscheinungen erreicht werden soll. Die ist im Kontext der Geburt in Amazonien für die Eltern nicht der Fall.
Alle diese Überlegungen lassen mich zu dem Schluß kommen, daß eine Gefährdung der Gesundheit der Eltern durch die Strenge des Fastens im perinatalen Bereich nicht gegeben ist.
Im Gegensatz dazu scheint auf den ersten Blick eine Schilderung Farabees über einen Diau Vater, der sich in seiner Begleitung befand, zu stehen.

> "He is.. confined to a fish, fruit and vegetable diet. This is quite enough ordinarily when the birth takes place at home, but when one is on a journey or visiting he may have difficulty in getting enough to eat. We had on opportunity to observe the Diau, whose child was born while on a journey, for we lived and traveled with him about a month. ... Our poor guide, the Diau, nearly starved, got thin, weak and useless. ... His taboo would not allow him to eat any of our game shot with a gun or bow and arrow although we had plenty. He and his .. companion spent all their time fishing and looking for fruit and nuts, while we were hunting. If he had been in his own village when the child was born he would have spent

> the month in his hammock eating the prescribed food which was brought to him; as he was away from home he worked in the canoe an sought hin own food, yet he would habe starved rather than eat the forbidden food." (Farabee 1924:79)

Was dieses Zitat betrifft läuft meine Argumentation daraufhin hinaus, daß es meine These eher bestätigt, denn Farabee weist ausdrücklich darauf hin, daß die postnatale Diät für zu Hause bleibende Eltern völlig ausreicht. Lediglich wenn ein Elternteil eine Reise unternimmt -was im perinatalen Zeitraum durchaus eine Ausnahme ist- kann die Einhaltung der durch die Couvade vorgeschriebenen Regeln Komplikationen mit sich bringen. Ich möchte diesen Fall hier jedoch nicht ausführlicher diskutieren, da er unter Punkt 2.3.2. behandelt wird. Es sei aber hier darauf verwiesen, daß eine solche Ausnahmesituation nicht meine Argumentation, die sich auf den Normalfall bezieht, falsifizieren kann.

Interessant an der von Farabee beschriebenen Situation erscheint mir die Vermutung -denn um mehr handelt es sich hier nicht-, daß sein indianischer Begleiter eher verhungert wäre, als die ihm vorgeschriebenen Speiseregeln zu mißachten. Diese Aussage steht, wenn man sie auch auf den Normalfall übertragen wollte, im strikten Gegensatz zu den Beobachtungen anderer Autoren:

> "Such are some of the dietetic rules laid down for the men by their system of superstition. They are probably observed by very few in their full rigour, for the forbidden animals form a large proportion of the Indian s bill of fare as found in the forests, and a Carib or other polygamist with three or four wives might be debarred from tasting them during the whole, or the best period, of his manhood." (Brett 1868:356)

Es ließen sich in diesem Zusammenhang noch eine Vielzahl der unterschiedlichsten Autoren anführen, die die gleiche Beobachtung gemacht haben, daß die Verbote eigentlich in ihrer vollen Strenge von den wenigsten Eltern beobachtet wurden. Das von der Couvade vorgeschriebene diätetische Verhalten bildet keine Klasse von identischem Verhalten gegenüber dem Phänomen der Geburt, sondern ist von vielen Faktoren abhängig. Aus den von mir gesammelten Daten lassen sich einige, wenn auch gewiß nicht alle, dieser situativen Faktoren herauskristallisieren.

1. Das Geschlecht der Eltern

Während in dem oben angeführten Zitat von Brett eine Betonung auf dem Verhalten des Mannes liegt, laufen detailliertere Berichte daraufhin hinaus, daß Ernährungsvorschriften gleichermaßen von Vater und Mutter zu beachten sind. Das heißt nicht, daß beide die gleichen Regeln zu befolgen haben, sondern nur, daß beide in Bezug auf ihre Ernährung vorsichtig sein müssen. Im Nordwest-Amazonas gelten diese Regeln bei den Tucuna und den Pirá-Paraná für die Mütter strenger als für die Väter. Ähnliche Beispiele lassen sich auch hier wieder für den gesamten Amazonasbereich anführen, so daß vermutlich die von Fock für die Waiwai getroffene Feststellung für ganz Amazonien Gültigkeit besitzt:

> "... dietary tabu rules seem to be stricter for women than for men - at all events they are followed more strictly by women." (Fock 1960:61)

2. Das Geschlecht der Kinder

Die von Girard beschriebenen Fälle der Bora und Okáina deuten darauf hin, daß die Einhaltung der Ernährungsvorschriften in ihrer Strenge auch von dem Geschlecht der Kinder abhängig ist. Die Geburt eines Mädchens verlangt nicht die gleiche Aufmerksamkeit gegenüber den Regeln wie die eines Jungen. Aus diesem Verhalten kann man schließen, daß Jungen in diesen Kulturen höher eingeschätzt werden und daher die Regeln der Couvade, die ja den Schutz des Kindes sichern sollen, konsequenterweise auch im Falle der Geburt eines Jungen strikter eingehalten werden. Diese Angelegenheit wird noch unter Punkt 3.3. eingehender behandelt.

3. Die Anzahl der Kinder

Bei den Pirá-Paraná müssen sich Frauen, die bereits drei lebende Kinder aufgezogen haben, in Bezug auf die Nahrung nicht so vorsichtig verhalten wie Frauen mit weniger lebenden Kindern. Hier haben wir ein klares Indiz dafür, daß die indianische Familienplanung nicht nur in Bezug auf die geschlechtliche Zusammensetzung, sondern auch auf deren Gesamtgröße die Couvade in ihrer speziellen Ausprägung beeinflußt. Ähnliche Regeln, daß z. B. beim ersten Kind größere Sorgfalt nötig ist als beim zweiten Kind usw. finden sich auch wiederum über ganz Amazonien verstreut.

4. Komplikationen

Eine Anzahl von Indizien weist darauf hin, daß die Regeln der Couvade nur dann in vollem Maße beachtet werden, wenn entweder bei der Geburt selbst Komplikationen auftreten, oder bei früheren Geburten aufgetreten sind, oder wenn das Neugeborene krank ist.

Diese vier Faktoren zeigen bereits, wie kompliziert und situationsbedingt sich die Ausübung der Couvade im Einzelfall darstellt. Das, was uns die in den Quellen überlieferten Praktiken zeigen, ist nichts weiter, als eine Aufzählung der den einzelnen Informanten bekannten Regeln. Diese uns überlieferten Regeln sind die Vorstellungen der Indianer von einem idealen Verhalten gegenüber dem Phänomen der Geburt. Das was wirklich praktiziert wird, das reale Verhalten, hängt von einer Fülle von kulturell difinierten Faktoren ab, wie z. B. der Familiengröße. Auch die Dauer in der die Couvade beachtet wird, zeigt, wie wir es z. B. bei den Cubeo feststellen konnten, diese Diskrepanz zwischen Ideal und Realität.

Ein Mittel, das die Indianer zur Hand haben um die Verbote zu übertreten oder die Restriktionen abzuschwächen, ist die magische 'Reinigung' der entsprechenden Nahrung. Fast für jedes einzelne 'gefährliche' Tier kennen die Gruppen -zumindest wenn es bei ihnen ein wichtiges Nahrungsmittel ist- spezielle Zaubersprüche, die es ihnen dann doch wieder als Nahrungsmittel zugänglich machen. Alle diese Punkte zusammen betrachtet lassen es kaum als wahrscheinlich erscheinen, daß den Indianern ein erwähnenswertes quantitatives Defizit in der Ernährung im perinatalen Zeitraum droht,

außer in Ausnahmefällen, da in der Tat nur das Fleisch größer und damit, wie später noch gezeigt wird, gefährlicher Tiere, die in der Regel auch noch das Kriterium der schwierigen Beschaffung erfüllen, tabuisiert sind. Auf Tiere, die nicht gejagt werden, wie z. B. Larven und Ameisen, besteht offensichtlich kein Verbot.
Alkoholische Getränke sind in der perinatalen Phase ein weiteres Objekt, demgegenüber man sich vorsichtig verhalten muß. Bei den Tucuna sollte der junge Vater keine alkoholischen Getränke im Übermaß genießen. Bei den Quijo sollte er nur leicht vergorene Chicha trinken (Oberem 1958: 233) und bei den Maroni.River Kariben muß der Vater ein bestimmtes alkoholisches Getränk ganz meiden (Kloos 1971: 98). Alle diese Formulierungen lassen nicht auf ein absolutes Alkoholverbot schließen, laufen aber doch darauf hinaus, daß der Alkoholkonsum spürbar eingeschränkt wird. Der Umstand, daß solche Verbote in der Regel als nur für den Mann existent geschildert werden, hängt vermutlich damit zusammen, daß der Alkoholkonsum des Mannes normalerweise exzessiver ist als der der Frau. Die damit verbundene Folge, der Rausch, soll vermieden werden.
Zum Abschluß dieses Kapitels möchte ich noch darauf verweisen, daß bei auftretenden Komplikationen bei der Geburt den Inianern schmerzlindernde und ähnliche Mittel bekannt sind.

> "... bey der geringsten sich zeigenden Schwierigkeit nehmen sie ihre Zuflucht zu dem Safte eines gewissen Baumes der ihnen bekannt ist, der ihre glückliche und geschwinde Entbindung erleichtert." (Fermin 1775:172)

Solche und ähnliche Informationen liegen aus dem gesamten Amazonasgebiet in reichem Maße vor. Da hierbei, wenn überhaupt, die unterschiedlichsten Pflanzennamen angegeben werden möchte ich hier auf den Versuch einer biologischen Klassifizierung dieser 'Mittel' verzichten und lediglich darauf verweisen, daß den verschiedenen Gruppen auch verschiedene 'Mittel' bekannt sind, die Verringerung der Schmerzen und leichtes Entbinden zur Folge haben.

2.2. Regeln, die alltägliche Handlungen betreffen

Unter alltäglichen Handlungen werden hier verstanden: Arbeiten, die dem Lebensunterhalt (wie z. B. Feldarbeit) oder der Erhaltung der Lebensumstände (wie z. B. Hausbau und -reparaturen) dienen, sowie auch Handlungen, die als ästhetische (z. B. Körperdekoration) oder als erholsame (z. B. Ausruhen) bezeichnet werden können. Ausgenommen von diesen 'alltäglichen' Handlungen ist das Ernährungsverhalten, da es bereits im vorgangegangen Kapitel gesondert behandelt wurde.

2.2.1. Darstellung der die alltäglichen Handlungen betreffenden Regeln in Nordwest-Amazonien.

Die in Nordwest-Amazonien belegten Fälle werden im Folgenden für jede Gruppe einzeln in alphabetischer Reihenfolge aufgeführt. Die Quellen sind jeweils hinter dem Gruppennamen angegeben.

BARASANA (S.Hugh-Jones 1979:186,216/217)
Nach der Geburt, die in der Regel auf der Maniok-Pflanzung stattfindet, kehrt die junge Mutter mit dem Neugeborenen zum Gemeinschaftshaus zurück. Bevor Mutter und Kind das Haus betreten dürfen, muß jegliche Nahrung und das gesamte materielle Gut aus dem Haus auf die davor liegende Plaza geschafft werden, damit nichts 'beschmutzt' werden kann. Gleichzeitig werden alle Feuer im Gemeinschaftshaus gelöscht. Die Frau mit ihrem Kind betritt dann das Haus durch eine Öffnung an der hinteren Seite des Hauses. Anschließend wird Wachs im Haus verbrannt und alle Geräte und Nahrungsmittel werden wieder in das Haus geschafft. Die darauffolgenden fünf Tage verbringen beide Barasana Eltern im Wochenbett in ihrer Abteilung des Gemeinschaftshauses. Nach dieser Zeit gehen Mutter, Vater und Kind zum Fluß, wo sie gemeinsam ein Bad nehmen. Sie lassen sich rot anmalen und kehren ins Haus zurück. Bevor sie das Haus betreten dürfen, müssen wieder alle Nahrungsmittel und materiellen Güter hinausgeschafft werden. Wenn sie das Haus betreten, wird wie-

derum Wachs verbrannt und alle hinausgeschafften Gegenstände werden wieder ins Haus geholt.

BETOYA (Rivero 1883:347)

Wenn bei den Betoya eine Frau ein Kind gebiert, ist es der Mann, dem in der folgenden Zeit die allgemeine Aufmerksamkeit gilt. Padre Rivero sieht die Ursache dieses Verhaltens in folgendem 'Aberglauben':

> "... fundan estos agueros, supersticiones y ridículas ceremonias, en que dicen que si en aquellos días anda el marido, pisa la cabeza del infante; si raja leña, le raja la cabeza al niño; si flecha aves en el monte, flecha sin remedio al muchacho, y otros disparates que creen semejantes á éstos." (Rivero 1883:347)

Dieser Textabschnitt läßt darauf schließen, daß der Betoya Vater postnatal möglichst wenig arbeiten sollte, da er z. B. kein Holz spalten darf und auch in Bezug auf die Jagd eingeschränkt ist. Ferner scheinen noch andere nicht aufgeführte Vorschriften (otros disparates) zu bestehen, die offensichtlich die gleiche Bedeutung (semejantes) haben, nämlich den Vater in einer relativen Inaktivität zu belassen. Informationen über das Verhalten der Mutter konnte ich in diesem Text keine finden.

BORA (Tessmann 1930:278; Girard 1958:94)

Nach Tessmann ruht die Bora Mutter zwei Tage lang nach der Niederkunft in der Hängematte. Danach darf sie zwar wieder umhergehen, sie sollte aber zwei Wochen lang nicht arbeiten und kochen. Er berichtet weiter, daß der Mann schon sofort nach der Geburt arbeiten, jagen und fischen geht. Die von ihm erlegte Beute gibt er seiner Familie oder hilfreichen Frauen, die diese für ihn zubereiten.

Im Gegensatz dazu stellt Girard fest, daß während der postnatalen Zeit der Diät, deren Dauer Girard nicht angibt, beide Eltern der Bora schwere Arbeiten vermeiden. Falls diese Verbote mißachtet werden und der Vater z. B. Holz schlägt oder eine sonstige schwere Arbeit verrichten sollte, sind sich die Bora sicher, daß das Kind keine gesunde Entwicklung nehmen wird.

CUBEO (Koch-Grünberg 1909/10:II 146; Goldmann 1948:787; Goldman 1963:167-171)
Der normale Tagesablauf der Cubeo scheint im pränatalen Zeitraum nicht sonderlich durch irgendwelche Regeln beeinträchtigt zu sein. Goldman (1963:168) berichtet lediglich, daß eine schwangere Frau nicht allzu freigiebig mit Genipa umgehen sollte, da sie sonst ihr Kind gefährden würde. Wenn eine schwangere Cubeo Frau eine andere mit Genipa bemalen würde -wie es bei den Cubeo normalerweise üblich ist- würde ihr Kind ohne Mongolenfleck geboren werden und bald sterben. Die Cubeo Eltern gehen offensichtlich solange ihren gewöhnlichen Aktivitäten nach, bis die Wehen einsetzen. Eine Frau darf es jedoch nicht versäumen, ihren Mann davon zu unterrichten, damit dieser das Haus nicht mehr verläßt und irgendetwas tut, was die Niederkunft und die Sicherheit des Kindes gefährden könnte. Dem aktuellen Vorgang der Geburt kann jedoch auch so wenig Bedeutung geschenkt werden, daß eine schwangere Frau, wie Goldman es beobachtete (1963:167), ganz normal zur Maniokpflanzung geht und dann mit einem gerade geborenen Kind zurückkommt.
Kommt eine Frau mit ihrem Kind von der Maniokpflanzung zurück, wo es im Normalfall geboren wird, zeigt sie den Eltern ihres Mannes das Neugeborene und zieht sich dann in ihre Hängematte zurück. Hier bleiben sie und ihr Mann die nächsten Tage. Sie bewegen sich so wenig wie möglich und verlassen das Haus nur, um ihre Notdurft zu verrichten. Diese Zeit wird von den Cubeo selber als '<u>Ausruhen</u>' bezeichnet. Goldman betont ausdrücklich, daß der Mann während der Geburt keine Wehen simuliert und seine Couvade keine magische Teilnahme am Vorgang der Geburt bedeutet. Das Kind wird von der Großmutter beaufsichtigt und zur Säugung an die Mutter abgegeben. Beide Eltern sollten während dieser Zeit Unfälle vermeiden. Der Mann darf nicht stolpern; beide Eltern dürfen sich den Fuß nicht stoßen, weil sonst der Fuß des Kindes verletzt würde. Der Mann darf keine Gegenstände fallen lassen und er sollte nach Möglichkeit nicht arbeiten. Bläst die junge Mutter ins Feuer, um es an-

zufachen, wird sie in furchtbare Wut geraten.
Ein Objekt besonderer Aufmerksamkeit während dieser Zeit des Ausruhens ist der Fluß. Beide Eltern sollten es vermeiden, in seine Nähe zu kommen, da sie sonst wahrscheinlich von einem Flußungeheuer getötet würden. Der Fluß wird am Ende der Ruhezeit durch ein Ritual für die Eltern und das Kind wieder 'sicher' gemacht. Nach dieser magischen 'Reinigung' darf der Vater wieder fischen und den Fluß mit dem Kanu befahren.
Der Vater sollte postnatal fünf Tage lang keinen Fisch mit der Keule töten, da er sonst den Kopf des Kindes verletzen würde. Er sollte in diesem Zeitraum auch keine Fische putzen.
Die Dauer dieser Verhaltensregeln im perinatalen Bereich ist unterschiedlich angegeben. Koch-Grünberg sagt, daß die Zeit des Ausruhens und der Isolation von den anderen Personen fünf Tage dauert. Goldman spricht zuerst (1948) auch von einer fünftägigen Dauer, differenziert diese Aussage 1963 jedoch dahingehend, daß sie im Idealfall zehn Tage dauern sollte. Seiner Beobachtung nach findet sie aber nur drei Tage lang reale Beachtung. Vorsicht gegenüber den verschiedensten Aktivitäten scheint auch über diese Zeit hinaus noch angebracht zu sein. So schreibt Goldman, daß der Cubeo Vater einen Monat lang nicht 'knoten, schneiden oder pressen' sollte.
Das Kind wird nach der Geburt von der Mutter mit Genipa eingerieben. Am folgenden Tag wird es im Gesicht mit roten Flekken betupft, um es so dem Jaguar ähnlich zu machen. Die Cubeo glauben, daß der Jaguar das Kind dann verschonen werde.

<u>MUENANE</u> (Tessmann) 1930:336)

Nach der Niederkunft bleibt die Mutter drei Tage auf einer Unterlage aus Palmblättern in der Hängematte liegen. Danach erledigt sie wieder alle häuslichen Arbeiten, wie z. B. das Kochen. Für den Mann, der sogar am Tag der Geburt jagen und fischen geht, bestehen offenbar keine Arbeitsverbote.

<u>OKAINA</u> (Tessmann 1930:558; Girard 1958:129)

Nach Tessmann begibt sich die Frau nach der Geburt in ihre Hängematte, wo sie zwei Tage lang bleibt. Nach dieser Zeit geht sie zwar schon wieder umher,

"... berührt aber weitere drei Tage nichts."
(Tessmann 1930:558),

was wohl soviel bedeuten soll, daß sie nicht arbeitet. Nach Tessmann hält sich der Mann am ersten Tag nach der Geburt ebenfalls im Haus auf, beachtet aber keine besonderen Vorschriften. Dagegen berichtet Girard, daß der Vater drei Tage postnatal im Haus bleibt und man ihn behandelt, als ob er von einer schweren Krankheit genese.

Girard berichtet ferner, daß in manchen Fällen die Mutter oder die Großmutter der Gebärenden 'Worte' über den Körper sprechen.

Die Okáina bringen Kreuze an den von ihnen gewöhnlich benutzten wegen an, damit das Kind nicht seine Seele verliert und infolgedessen stirbt.

PIRA-PARANA (C.Hugh-Jones 1979:125,186,216-217)

Die Informationen über das perinatale Verhalten der Pirá-Paraná sind im wesentlichen die gleichen wie die über die Barasana und können dort nachgesehen werden. Ergänzend kann jedoch bemerkt werden, daß beide Eltern und das Kind, nachdem sie einige Tage lang das Wochenbett gehütet haben, mit roter Farbe angemalt werden. Danach gehen sie im Fluß baden, nachdem dieser rituell gereinigt worden ist.

SIUSI (Koch-Grünberg 1909/10:I 183)

Die Siusí Eltern halten sich fünf Tage postnatal in der Wochenstube auf. Koch-Grünbergs Information, daß das Männerkindbett bei den Siusí nicht vorkommt, muß wohl dahingehend interpretiert werden, daß der Mann keine Wehen simuliert. (Siehe Punkt 2.2.2.).

TUCUNA (Martius 1867:445; Tessmann 1930:563-564; Nimuendajú 1948: 717; Nimuendajú 1952:22,46,69)

Nach Nimuendajú (1952:22) ist es einer schwangeren Frau untersagt Mais anzupflanzen, da dieser sonst 'twin ears' bekommen könnte. Deren Verzehr würde zur Geburt von Zwillingen führen. Es bleibt hierbei zu bemerken, daß der Anbau von Mais bei den Tucuna vorzugsweise von Männern vorgenommen wird. Wenn sich eine schwangere Frau einer Fundstelle von Tonerde nähert, wird diese nutzlos und kann nicht mehr zum Töpfern

verwendet werden. Eine Legende der Tucuna erzählt davon, daß es auch für die schwangere Frau selbst gefährlich werden könnte, sich einer solchen Fundstelle zu nähern.
Wird eine Frau in der Schwangerschaft von einer bestimmten Ameisenart gebissen, wird sie nur noch Kinder mit dunkler Hautfarbe bekommen. (Es geht hieraus nicht hervor, ob dies wünschenswert oder zu vermeiden ist.) Die anderen Autoren erwähnen solche pränatalen Regeln nicht.
Nach Tessmann besteht bei den Tucuna das Männerkindbett in 'ausgesprochenster' Form. Seiner Schilderung nach legt sich der Mann postnatal für eine Woche in eine Hängematte, während die junge Mutter schon bald nach der Geburt wieder ihre Arbeit verrichtet. Nimuendajú dagegen behauptet, daß sich beide Eltern ins Wochenbett zurückziehen, bis die Nabelschnur bei dem neugeborenen Kind abfällt. (was ca. einer Woche entspricht). Mir erscheint in diesem Zusammenhang Tessmanns Information weniger zuverlässig als die von Nimuendajú. Tessmann konnte nach seiner eigenen Aussage seinen Informanten (es handelt sich offenbar nur um einen) nur 'flüchtig' sprechen. Nimuendajú , der sich über eine längere Zeit bei den Tucuna aufhielt, war wohl eher in der Lage verlässlichere Daten zu erheben.
Sofort nach der Geburt wird das Kind mit Genipa angemalt.
An Handlungen, die dem Tucuna Vater postnatal ausdrücklich verboten sind, erwähnt Nimuendajú das Berühren von brennendem Holz, Paddel, Axt und Bogen.
Von einem speziell zur Geburt veranstalteten Fest berichtet Martius:

> "Spix war in Tabatinga, wo etwa noch 300 Tecunas wohnen, Zeuge eines wilden Festes, dergleichen sie nach der Geburt eines Kindes feiern, dem dabei die Haare ausgerauft werden." (1867:445)

Ein solches Fest wird von den anderen Autoren nicht beschrieben. Das Haareausreißen ist zwar auch bei anderen Gruppen beschrieben worden, wie z. B. bei den Sirionó (Holmberg 1969: 182), ist aber nicht mit einem Fest verbunden. Nimuendajú (1948:717) schreibt zwar, daß auch er ein Fest kenne, wo einem Kind die Haare ausgerauft werden, seiner Kenntnis nach findet es aber erst statt, wenn ein Kind 2 Jahre (in früheren Zeiten) bzw. 4 Jahre (in neueren Zeiten) alt ist.

TUYUKA (Koch-Grünberg: 1909/10:I 312)
Beide Tuyúka Eltern halten sich fünf Tage postnatal in der Wochenstube auf. Die Wochenstube besteht aus einem Verschlag, der von dem übrigen Raum des Hauses abgetrennt ist. Der Abschluß dieser Isolationsperiode wird feierlich begangen.

UAUPES (Martius 1867:599)
Wenn eine Frau im Haus niederkommt, werden alle Küchengeräte und Waffen für einen Tag aus dem Haus entfernt. Nach der Geburt geht die Mutter mit dem Neugeborenen zum Fluß, um sich zu waschen. Danach verbringt sie wenigstens fünf Tage 'ruhig' in der Hütte.

WITOTO (Preuss 1921:164; Tessmann 1930:326; Steward 1948: 757; Girard 1958:63)
Preuss berichtet, daß der Mann für eine Dauer von fünf Tagen und die Frau für eine Dauer von vierzehn Tagen postnatal nicht arbeiten. Ihre Hände und Füße sind innerhalb dieser Zeit rot gefärbt. Nach Tessmann ruhen beide Witoto Eltern lediglich einen Tag. Danach verrichten sie schon wieder leichtere Arbeiten. Steward erwähnt andere Quellen, die darauf hinauslaufen, daß der Vater jegliche Arbeit verweigert, bis der Nabel des Kindes verheilt ist. (ca. 8 Tage).
Girard erwähnt, daß beide Eltern der Witoto die Couvade praktizieren. Vermutlich will er damit ausdrücken, daß beide Eltern eine Zeit der Ruhe einhalten.

2.2.2. Der Mythos vom Männerkindbett und das Gebot der Ruhe.

Das Männerkindbett wurde im vergangenen Jahrhundert in derart zahlreicher Weise von den Gruppen Amazoniens berichtet, daß sich Koch-Grünberg zu der Aussage veranlaßt sah:

> "... fast alle Stämme huldigen diesem merkwürdigen Brauch mit größtem Eifer." (1899:79)

Das Problem bei der Bewertung der vorliegenden Quellen liegt in der oft fehlenden Definition dessen, was unter Couvade

oder Männerkindbett zu verstehen sei. Wie ich bereits in der Einleitung (Punkt 1.1.) dargelegt habe, behandele ich mit dem Männerkindbett einen Brauch, bei dem der Mann entweder die Wehen und die Schmerzen der Geburt oder den physischen Vorgang der Geburt simuliert. Dies muß jedoch nicht auch die Sicht der hier besprochenen Autoren sein. Ohne eine genaue Erläuterung dessen, was im Einzelfall unter dem Begriff zu verstehen ist, sind solche Aussagen wie z. B. die von Tessmann, daß bei den Tucuna das Männerkindbett in 'ausgeprochenster' Form bestehe, letztlich nicht zu verwerten.
Das Männerkindbett im Sinne obiger Definition existiert meinen Informationen nach weder im Gebiet des Nordwest-Amazonas noch im übrigen Gebiet Amazoniens. Diese Auffassung wurde auch von Métraux (1949:369) vertreten. Métraux kann nur zwei Autoren anführen, die eine Imitation des Vorganges der Geburt durch den Mann in Südamerika beobachtet haben wollen: Dutertre (1667/71, Vol.2) und Yves d'Evreux (1864). Hierbei ist anzumerken, daß der Bericht von Dutertre nicht über das hier behandelte Gebiet geschrieben wurde, sondern über die Antillen. Es bleibt somit nur noch die Schilderung der Reise von Yves d'Evreux durch Nordbrasilien. Metraux ist diesen beiden Quellen gegenüber skeptisch:

> "It is not unlikely that the two writers have given us an interpretation rather than an exact description of the customs." (1949:369)

Bemerkenswert an der Schilderung von Yves d'Evreux ist der Umstand, daß er den in der Hängematte liegenden Vater als einen 'Kranken' beschreibt (1864:89). Die Bezeichnungen 'Kranker', 'Genesender' und ähnliche lassen sich nämlich bei einer Vielzahl von Autoren nachweisen. Als Beispiel sei hier eine Mitteilung von Brett über die Arawak angeführt:

> "On the birth of a child, the ancient Indian etiquette requires the father to take to his hammock, where he remains for some days as if <u>he</u> were sick..." (1868:101)

Brett beschreibt hier den Vater, 'als ob er krank wäre'. Daraus geht nicht hervor, ob sich der Vater nun selbst als 'Kranker' fühlt, oder ob Brett ihn als krank betrachtet. In einem Bericht über die Roucouyennes schreibt Crevaux:

> "Je trouve Namaoli couché dans son hamac, tandis que sa femme circule dans l'intérieur de la maison. Il a un air si sérieux que je pourrais le croire malade, mais il n'en est rien." (1883:241-242)

Hier schließt Crevaux auf eine angebliche Krankheit des Mannes, da er ein 'ernstes' Aussehen hat, weist aber gleichzeitig darauf hin, daß ihm natürlich nichts fehlt. Es wird jedoch nicht behauptet, daß der Vater sich selbst als 'Kranker' bezeichnet und es bleibt somit die Frage offen, ob es sich hier um eine Information oder um eine Interpretation handelt, (nämlich um die Bezeichnung eines auf seinem Lager sich ausruhenden Menschen als 'Kranken').
Bei der Behandlung eben derselben Problematik führt Kloos in seiner Arbeit über die Maroni River Kariben aus:

> "The father does not simulate illness, although a few sources contain remarks to that end. When Brunetti came into a Carib village on the Maroni, in 1885, he found a man in his hammock, 'poussant de longs gémissements'. His wife had given birth; 'je suis malade', the father is reputed to have said (Brunetti 1890;290). This appears to be an erroneous interpretation caused by a choice of words in the foreign language on the part of the Caribs and lack of understanding of Carib concepts by the observer." (1971:98)

Die Behauptung der Existenz des Männerkindbettes als ein Phänomen, bei dem der Vater 'Krankheit' simuliert, führt Kloos also auf zwei grundlegende Irrtümer zurück. Der erste ist das Unvermögen, das Konzept der karibischen Kultur zu verstehen, der zweite liegt auf einer sprachlich-kommunikativen Ebene. Wenn man bedenkt, daß Reisende oder Forscher der vergangenen Jahrhunderte sowohl sprachlich als auch in der Unterweisung in die entsprechende Kultur entweder gar nicht, zumindest aber geringer als 'moderne' Forscher ausgebildet waren, erscheint die Behauptung von Kloos durchaus wahrscheinlich. Unterstützung findet diese These durch die Arbeiten jüngerer Forscher, wie z. B. Goldmann (1963) über

die Cubeo oder Barandiarán (1967) über die Sanéma-Yanoama, die ausdrücklich betonen, daß die Männer bei der Geburt ihres Kindes weder Wehen noch sonstige Schmerzen oder den Vorgang der Geburt simulieren.
Zwei weitere Argumente unterstreichen diese These nachdrücklich:

1. Es gibt in der heutigen Medizin viele Hinweise darauf, daß das Empfinden von Schmerz ein mehr oder weniger kulturell geprägtes Phänomen ist (Encyclopaedia Britannica 1979, Stichwort: Natural childbirth). Die Schmerzen der Wehen und der Geburt scheinen jedenfalls von den Müttern des Amazonasgebietes weniger empfunden zu werden als bei mitteleuropäischen Frauen. Selten erfährt man von Fällen, wo sich eine Indianerin bei der Niederkunft vor Schmerzen windet (mit Ausnahme bei Komplikationen). In der Regel gebären die indianischen Mütter sehr leicht. Sie begeben sich auf ihre Felder oder in ihre Häuser oder in die speziell errichteten Geburtshütten und bringen dort das Kind ohne große Hilfe und ohne großes Aufsehen zur Welt. Mithin stellt sich die Frage, warum der Mann ausgerechnet ein Verhalten nachahmen sollte, das er eventuell noch nie beobachten konnte.

> "Obgleich die Indianerweiber vom Wochenhalten nichts wissen, und überhaupt <u>mehrentheils leichte Niederkunften</u> haben, so daß ich während meinem beynah zwölfjährigen Aufenthalt unter ihnen keinen Fall erlebt habe, daß eine Frau bey der Geburt eines Kindes gestorben wäre ..."
> (Quandt 1807:252)

2. Da dem Mann im postnatalen Zeitraum ein großer Teil seiner gewöhnlichen Aktivitäten untersagt sind (siehe Punkt 2.2.3.) und er sich darüberhinaus noch meistens in seinem Haus aufhält (siehe Punkt 2.3.2.), bleibt ihm in der Regel kaum etwas anderes übrig, als sich auf sein Lager zu legen.

> "Er ist also mehrentheils zu Hause, und da seine Hangmatte gewöhnlich sein Stuhl und sein Lager ist: so ist ihm in dieser müssigen Zeit nichts bequemer, als in derselben zu liegen...." (Quandt 1807:252-253)

Obwohl diese Argumentation bereits aus dem Jahre 1807 stammt,

fand sie bei der Mehrzahl der nachfolgenden Autoren kaum Beachtung. Die Gründe hierfür können darin liegen, daß viele Reisende, die die indianischen Bräuche an ihrem euro-amerikanischen Weltbild maßen, über das unkomplizierte Verhalten der indianischen Frau bei und nach der Geburt und des weiteren über das in ihren Augen unverständlich inaktive Verhalten des Mannes nach der Geburt erstaunt waren und daher zu falschen Interpretationen kamen.
Alle diese Argumente sprechen dagegen, das Männerkindbett als eine Imitation der Geburt anzusehen. Das Phänomen wird auf die simple Tatsache reduziert, daß für Mutter und Vater nach der Geburt ein 'Gebot der Ruhe' besteht: Beide halten sich im perinatalen Zeitraum vorwiegend in ihrem Haus und in ihrem Lager auf. Dies läßt sich im Untersuchungsbereich des Nordwest-Amazonas für die Barasana, Cubeo, Pirá-Paraná, Siusí, Tucuna und Tuyúca belegen. Für die Muenane und die Uaupés und unter Vorbehalt für die Okáina wird dieses Gebot nach den hier untersuchten Quellen nur als für die Mutter bestehend überliefert. Der Fall der Witoto ist nicht eindeutig zu entscheiden. Wenn in vielen Quellen nur davon berichtet wird, daß der Mann <u>oder</u> die Frau postnatal eine Zeit der Ruhe einhalten, so handelt es sich auch hierbei um Aussagen, die meiner Überzeugung nach aus dem kulturellen Hintergrund der einzelnen Berichterstatter herzuleiten sind.
In der Tat scheint in ganz Amazonien das Gebot der Ruhe für <u>beide</u> Eltern zu gelten, was aus den meisten genaueren und vorwiegend jüngeren Quellen hervorgeht. Um in dieser Tatsache eine symbolische Teilnahme des Mannes an der Geburt zu sehen, fehlen ausreichende Anhaltspunkte. Es besteht mehr Grund zu der Annahme, dieses Verhalten -wie es bezeichnenderweise die Cubeo selbst tun- einfach als 'Ausruhen' zu bezeichnen.

2.2.3. Die Reduzierung der Arbeit.

Eng verbunden mit dem 'Gebot der Ruhe' ist das Gebot der 'Reduzierung der Arbeit'. Beide Regeln bedingen sich gegenseitig: ist es mir verboten, gewisse Arbeiten zu verrichten, erhalte ich dadurch mehr Zeit zur Erholung; ist es mir geboten, mich auszuruhen, muß ich mein Arbeitspensum reduzieren. Solche Regeln sind im perinatalen Zeitraum in ganz Amazonien bekannt.

Die Diskussion dieser Daten muß entsprechend der im Gebiet des Amazonas herrschenden geschlechtlichen Arbeitsteilung nach Geschlechtern getrennt geführt werden.

Die Regeln, die die Arbeit betreffen, lassen sich als für den Mann existierende in drei Bereiche teilen:

1. Regeln, die die als ´schwere´ Arbeiten klassifizierte betreffen;
2. Regeln, die die als ´gefährliche´ Arbeiten klassifizierte betreffen;
3. Regeln, die Jagd und Fischfang betreffen.

Eine detaillierte Auflistung der Arbeiten, die dem Mann postnatal verboten sind, findet sich bei Gregor (1980:272) über die Mehinaku: Er darf keine großen Bäume fällen; er darf keine neuen Gärten anlegen (was bedeuten würde, daß er große Bäume fällen muß); er darf keinen Garten bepflanzen; er darf keine Tonerde zum Töpfern holen; er darf keine großen Pfostenlöcher, wie sie für den Hausbau benötigt werden, graben (kleine Pfostenlöcher zu graben ist erlaubt); er darf keine ´schwere´ Arbeit am Haus verrichten, da das Holz, mit dem er dann arbeiten müßte, für ihn zu schwer ist; er darf keinen Zaun aufstellen, da die Pfosten für ihn zu schwer sind; er darf kein ´pequi-Silo´ (pequi=Caryocar butyrasum) anlegen, da dieses Silo zu schwer sein würde. Alle diese Arbeiten sind, wie Gregor ausführt, der indianischen Konzeption nach für Vater und Kind ´zu schwer´. Im gesamten Gebiet des Amazonas finden sich solche und ähnliche postnatale Vorschriften, die sich auf ´schwere´ Arbeit beziehen. Diese Arbeiten sind -analog dem durch die geschlechtliche Arbeitsteilung dem Mann vorgeschriebenen Aufgabenbereich- häufig Arbeiten, die an oder mit Holz ausgeführt werden. Im Gebiet des Nordwest-Amazonas finden wir ähnlich lautende Formulierungen: Der Betoya Vater sollte z. B. kein Holz spalten;

der Bora Vater sollte kein Holz schlagen und sonstige 'schwere' Arbeiten vermeiden. Das Attribut 'schwer' bezieht sich nicht ausschließlich auf Arbeiten an oder mit Holz, aber in der täglichen Praxis der Indianer sind diese Arbeiten vermutlich die, die in der Tat ihre Physis am meisten belasten und daher auch als 'schwer' zu bezeichnen sind.
Eine weitere Klasse neben den 'schweren' Arbeiten sind die als zu 'gefährlich' bezeichneten. Für die Mehinaku listet Gregor (1980:272) hier folgende auf: Der Vater sollte kein Dachstroh für das Haus holen, da das Stroh zu 'scharf' ist; er sollte kein Holz holen, um daraus Flöten zu schnitzen; er sollte keine Körbe flechten, da das Material zieht und schneidet.
Zu dieser Klasse der 'gefährlichen' Arbeiten gehören auch Regeln, die das Berühren von Waffen und Schneidewerkzeugen verbieten, da es sich auch hierbei um 'gefährliches' Gerät handelt. Um einen Eindruck über die Fülle und die Verbreitung solcher Regeln zu geben, führe ich hier einige Beispiele an: Bei den Jivaro darf der Vater keine Schneidewerkzeuge anfassen (Simson 1886:93); der Macusi Vater berührt keine Waffen (Im Thurn 1883:217-218); die Quijo Männer schießen postnatal weder mit dem Gewehr noch mit dem Blasrohr (Oberem 1958:233); der Shipibo Vater meidet den Gebrauch der Machete und gefährlicher Waffen (Karsten 1955:162); bei den Taulipáng berührt der Vater keine Axt und kein Messer, er darf keine Pfeile herstellen und nicht mit Pfeil und Bogen oder Flinte schießen (Koch-Grünberg 1923:136); der Tapuyo Vater vermeidet es, irgendein Schneidewerkzeug zu berühren (Simson 1880:388); bei den Yekuaná darf der Mann keine Geräte anfassen, insbesondere keine Waffen, kein Beil und kein Messer (Koch-Grünberg 1923:136). Diese Vorschriften stehen in engem Zusammenhang mit der Regel, keine 'schweren' Arbeiten zu verrichten. Wenn es mir nicht erlaubt ist Geräte, insbesondere Schneidewerkzeuge anzufassen, sind die Arbeiten, die ich ausführen kann von vorneherein eingeschränkt. Andererseits gibt es kaum einen Grund, z. B. eine Axt anzufassen, wenn mir die

Arbeit, die ich damit ausführen kann, wie z. B. einen Baum fällen, als 'schwere' Arbeit verboten ist.

Alle oben aufgeführten Vorschriften haben eins gemeinsam: Sie verbieten die Handhabung von Geräten, die ein Verletzungsrisiko in sich bergen und daher in der Tat auch als 'gefährlich' anzusehen sind. Diese Vorschriften sind sozusagen eine 'Präventivmaßnahme' zur Vermeidung von Unfällen. Von daher erscheint es mir gerechtfertigt auch die Gebote, die sich allgemein auf die Vermeidung von Unfällen beziehen, ebenfalls in dieser Klasse zu behandeln. In Nordwest-Amazonien sind solche Regeln von den Cubeo überliefert: Der Vater soll generell Unfälle vermeiden, nicht stolpern und sich nicht den Fuß stoßen. Andere Aktivitäten, wie z. B. das Kanufahren bei den Cubeo oder das Waten durch tiefes Wasser bei den Cashibo (Frank 1982), die auch als 'gefährlich' klassifiziert werden, beziehen sich auf die 'Gefährlichkeit' des Flußes. Sie werden unter Punkt 2.3.2. behandelt.

Das Verhalten des Mannes in Bezug auf Jagd und Fischfang ist für den perinatalen Zeitraum in unterschiedlichster Weise überliefert. So beobachtete Farabee (1922:18), daß die Männer einer Machiguenga Gruppe an dem Morgen eines Tages, an dem eine Geburt stattgefunden hatte, wie gewöhnlich zur Jagd gingen. Andere Berichte belegen, daß ein bestimmtes Gerät nicht benutzt werden sollte. Ein Quijo Vater sollte z. B. nicht mit dem großen Wurfnetz fischen gehen (Oberem 1958:233/4). Wieder andere Quellen sprechen von bestimmtem Wild, das nicht gejagt werden sollte. So sollten z. B. die Macusi kein 'großes' Tier töten (Farabee 1924:78-79) oder die Wapisiana kein bösartiges Tier und keine giftige Schlange töten (Farabee 1918:98). Einige Autoren kommen zu dem Schluß, daß die Jagd generell unterbleiben sollte. So sollte ein Mura Vater nicht jagen, bis sein Kind gehen kann (12-14 Monate) (Nimuendajú 1948C:261). Alle diese Regeln lassen sich trotz ihrer Gegensätzlichkeit auf einen gemeinsamen Nenner bringen. Es handelt sich hier -wie schon unter Punkt 2.1.2. diskutiert wurde- wiederum um die Diskrepanz zwischen idealem und realem Verhalten. Beobachtungen, daß sich ein Vater keinerlei Jagd- und Fischfangrestriktionen unterwirft, können das reale Verhalten in der jeweiligen Gruppe wiedergeben; sie sagen jedoch nichts über die in dieser Gruppe herrschende Vorstellung aus, wie das ideale Verhalten eines Vaters nach der Geburt auszusehen hat. Der Komplex der Jagd- und Fischfangverbote dürfte sich bei einer eingehenderen Betrachtung -die hier nicht geleistet werden soll- als ein sehr elastischer erweisen und durch die jeweiligen Begleitumstände (z. B. auftretende Komplikationen, ökonomische Situation, Anzahl der Kinder usw.) geprägt sein.

Alle in dieser Arbeit behandelten Regeln sind untereinander und voneinander abhängig. Um dies zu demonstrieren seien hier als Beispiel die gerade besprochenen Jagd- und Fischfangrestriktionen in einzelne Faktoren aufgeschlüsselt, die alle anderswo schon beschrieben sind oder noch beschrieben werden:

1. Die bestehenden Nahrungsmittelrestriktionen, die den Verzehr großer Tiere untersagen, machen auch die Jagd auf solche Tiere überflüssig (Punkt 2.1.2.).
2. Da man 'gefährliche' Tätigkeiten meiden sollte, ist auch die Jagd auf gefährliche Tiere (wie z. B. giftige Schlangen) zu unterlassen (siehe oben).
3. Die Jagd großer Tiere ist in der Regel beschwerlicher als die kleiner Tiere und daher als zu 'schwer' zu vermeiden (siehe oben).
4. Die Jagd großer Tiere führt oft weit von der Wohnstätte fort. Da man sich aber postnatal in der Nähe seines Wohnhauses aufhalten sollte ist diese Jagd untersagt (Punkt 2.3.2.).
5. Das Gebot der Ruhe schließt nicht unbedingt erforderliche Arbeiten aus. Somit sind auch gewisse Formen der Jagd und des Fischfangs zu unterlassen (Punkt 2.2.2.)
6. Da man nach der Geburt seines Kindes den Fluß meiden sollte, ist auch der Fischfang eingeschränkt (Punkt 2.3.2.).

Die für die Frau bestehenden Regeln, die eine Einschränkung

der Arbeit verlangen, beziehen sich analog der geschlechtlichen Arbeitsteilung im Wesentlichen auf die Arbeiten im Garten und im Haushalt. die pränatalen Regeln sind hierbei weniger elaboriert als die postnatalen. Trotzdem kennen einige Gruppen Regeln, die die ökonomischen Aktivitäten einer schwangeren Frau einschränken. Eine schwangere Tucuna Frau darf keinen Mais anpflanzen und sollte nicht in die Nähe einer Fundstelle von Tonerde kommen. Ein ähnliches Verbot, das sich auf das Töpfern bezieht, ist unter anderem auch von den Waiwai bekannt. Bei ihnen sollte eine Frau, die ein Kind erwartet, keine Tongefäße herstellen, weil diese sonst unweigerlich zerbrechen würden (Fock 1963:139). Die Mehrzahl der in den Quellen enthaltenen Angaben laufen aber darauf hinaus, daß eine schwangere Frau bis kurz vor der Niederkunft ihre gewöhnliche Arbeit verrichtet.
In seinem Bericht über die Maroni River Kariben schreibt Kloos (1971:96), daß eine schwangere Frau, die sich wohl fühlt, ihren gewohnten Tätigkeiten nachgeht und bis zu der Niederkunft auch schwere Arbeiten ausführt. Da sie einige Zeit nach der Geburt indisponiert sein wird, nutzt sie die Zeit vor der Geburt, um dafür zu sorgen, daß eine ausreichende Menge Feuerholz und Maniokbrot vorrätig ist. Dieser Bericht enthält zwei Aspekte, die für das Verständnis des pränatalen Verhaltens der Frau wesentlich sind:

1. sie arbeitet nur dann wie gewöhnlich, wenn ihre physische Kondition ihr das nach ihrem eigenen Dafürhalten erlaubt;
2. Sie nutzt die Zeit vor der Niederkunft, um durch Vorarbeiten das Pensum der nach der Geburt anfallenden Arbeiten zu verringern .

Manche Gruppen kennen auch ein für die Frau pränatal bestehendes Gebot 'Unfälle zu vermeiden'. In diesem ist auch das für eine schwangere Cashibo Frau bestehende Verbot 'zu hüpfen' oder zu springen' zu verstehen (Frank 1982). Dieses Verbot hat vermutlich den Sinn, eine auf den Körper bezogene besondere Vorsicht zu gewährleisten.
Alle diese Punkte zusammengefaßt weisen darauf hin, daß

sich eine schwangere Frau nach der Konzeption der Indianer in ihrer Arbeit einschränken kann. Diese Einschränkung wird durch die Situation des betroffenen Individuums und der Situation ihrer Gruppe geprägt. Eine schwangere Frau der Maroni River Kariben macht ihre Arbeitsleistung z. B. davon abhängig, ob sie sich wohlfühlt oder nicht; also von ihrer individuellen Situation. Die Arbeit einer schwangeren Tucuna Frau wird reduziert. Sie braucht keinen Mais anzupflanzen und nicht zu töpfern. Beides sind Arbeiten, die in der speziellen Situation der Tucuna für das tägliche Überleben nicht relevant sind.

Die über das postnatale Arbeitsverhalten der Frau vorliegenden Informationen sind auf den ersten Blick widersprüchlich. Schon bei der Behandlung des 'Gebots der Ruhe' stellte sich heraus, daß viele Autoren dieses Gebot irrtümlicherweise als nur für ein Geschlecht geltend beschrieben. In gleicher Weise überliefern eine Reihe von Autoren, daß der Mann nach der Geburt nicht arbeitet, während die Frau ihren 'Haushaltspflichten' oder ihren gewohnten Tätigkeiten nachgeht. Diese Aussagen erklären sich vermutlich aus der Tatsache, daß die entsprechenden Autoren, die es gewohnt waren, daß eine gerade niedergekommene Frau sich ausruht über das anscheinend gegenteilige Verhalten der indianischen Frau erstaunt waren.

Solche Behauptungen halten einer genaueren Betrachtung nicht stand.

Polykrates informiert uns über das Verhalten einer Yanoama Frau, die gerade ihr Kind bekommen hatte:

> "Etliche Stunden später war der Vorfall vergessen und die Wöchnerin ging ihren Haushaltspflichten nach."
> (Polykrates 1969:150)

Diese Information besagt eindeutig, daß die von Polykrates beobachtete Yanoama Frau kurz nach der Geburt wieder arbeitete. Sie besagt jedoch nicht, ob die Frau nur die im Haus anfallenden Arbeiten verrichtete oder auch auf dem Feld arbeitete.

Die Feldarbeit ist für die im Amazonasgebiet lebenden In-

dianerfrauen vermutlich die, die ihre Physis am meisten belastet. Es liegt daher nahe, zu vermuten, daß sie daher im postnatalen Zeitraum am ehesten zu beschränken ist. Es existieren eine Reihe von Berichten, die auf dieses Ende hinauslaufen. Nach Rodway (1895:25-27) nehmen die Frauen der Guayana Indianer nach zwei oder drei Tagen der Ruhe die Feldarbeit wieder auf. Das heißt nichts anderes, als daß die Frau für einige Tage nach der Geburt eben nicht auf dem Feld gearbeitet hat. Es ließen sich noch eine Vielzahl von Quellen anführen, in denen sich ähnlich lautende Formulierungen finden oder die besagen, daß eine Frau postnatal keine 'schweren' Arbeiten verrichten sollte. Aus allen diesen Berichten läßt sich herleiten, daß ein postnatales Gebot der 'Reduzierung der Arbeit' besteht. Es läßt sich aus ihnen aber nicht herleiten, ob die Beachtung dieser Gebote abrupt unterbrochen wird, oder ob z. B. die Feldarbeit nur nach und nach wieder aufgenommen wird.
Die Regeln, die die Arbeit im Haushalt betreffen, beziehen sich im Wesentlichen auf die Zubereitung von Nahrung. Aus dem oben angeführten Zitat von Polykrates geht hervor, daß der Autor in diesem Fall keine besonderen Regelungen beobachten konnte. Viele andere Quellen überliefern einen ähnlichen Sachverhalt. Im Gegensatz zu solchen Schilderungen steht die oben angeführte Beobachtung von Kloos, daß eine Frau bereits im pränatalen Zeitraum Arbeiten erledigt, die ihr eine postnatale Reduzierung ihres Arbeitspensums ermöglichen.
Eine Anzahl anderer Quellen läuft darauf hinaus, daß eine Mutter nach der Niederkunft das Kochen einschränken oder sogar ganz aufgeben kann. Dies ist uns in Nordwest-Amazonien für die Bora überliefert. Koch-Grünberg (1923:363) berichtet, daß bei den Yekuana das Kochen von anderen Frauen und nicht von der Mutter besorgt wird. Nach Kaplan (1975:38) steht eine Piaroa Mutter postnatal unter Kochverbot; die Mahlzeiten werden auch hier von anderen Frauen zubereitet. Eine differenziertere Aussage liegt von Fejos über das Verhalten einer Yagua Mutter vor:

> "After giving birth, the mother returns with the child to the house where she rests for the day in her hammock. The following day, however, the mother is expected to carry on as usual, though she is not required to do heavy work such as milling yucca, for about ten days." (1943:700)

Diese Aussage weist wieder auf die große Elastizität bei der Beachtung perinataler Regeln hin. Einerseits ist in der indianischen Konzeption eine Vorstellung davon vorhanden, daß eine junge Mutter ihre Arbeit möglichst reduzieren sollte, andererseits hängt das reale Verhalten der Frau von einer Unzahl von Faktoren ab. die individuelle Situation der Frau und die Situation ihrer Gruppe spielen auch hier wieder eine wesentliche Rolle. Man erwartet von einer Yagua Mutter, daß sie nach der Geburt wieder arbeitet. Man würde aber nicht von ihr verlangen, daß sie Arbeiten leistet, die als 'schwer' klassifiziert sind. Es bleibt somit nur der Schluß übrig, daß die Arbeit der Frau auf die wesentlichen Tätigkeiten, die zum Überleben und zum Funktionieren der Gruppe nötig sind, reduziert wird. Tätigkeiten, die die Existenz der Familie bedrohen, sind von den Verboten nicht betroffen. Dies belegt eine Feststellung von Fock über das Verhalten der Waiwai:

> "The only major work she can undertake is that with cassava, both in the fields and in the house. This must be regarded as absolutely essential, since without it the family would starve." (1963:143)

2.2.4. Sonstige Daten.

Im Zusammenhang mit der Geburt wird das Feuer häufig als Gegenstand besonderer Aufmerksamkeit geschildert. In Nordwest-Amazonien trifft dies bei den Barasana, den Cubeo und den Pirá-Paraná zu. Die Cubeo Mutter darf nicht ins Feuer blasen, da sie sonst in 'furchtbare Wut' geraten würde. Leider ist mir in diesem Fall keine ähnliche Praktik bekannt und es ist mir nicht möglich von dem hier geschilderten Ein-

zelfall zu einer Interpretation zu gelangen. Anders verhält es sich mit dem uns von den Barasana und Pirá-Paraná überlieferten Brauch, daß bevor das Neugeborene ins Haus gebracht wird, alle Feuer im Haus gelöscht werden und nachdem die Mutter mit ihrem Kind das Haus betreten hat wieder angezündet werden. Ein ähnlicher Brauch findet sich bei den Warao (Wilbert 1967). Hier muß eine junge Mutter das erste Essen, welches sie nach der Geburt eines Kindes zubereiten will, auf einem neu entfachten Feuer kochen. Wilbert führt aus, das die Warao das Feuer als das Zentrum des Familienlebens ansehen. Wenn sich dieser Umstand auch für die Barasana und Pirá-Paraná behaupten läßt, legt das postnatale Anzünden neuer Feuer folgende Interpretation nahe:
Die Addition eines neuen Mitgliedes zum Kern der Familie erfordert die symbolische Behandlung dieses Ereignisses. Zu diesem Zweck wird die traditionelle Feuerstelle, die der Familie die Zubereitung der Nahrung ermöglicht, warm und trocken hält und zusätzlich noch Licht spendet, durch eine neue Feuerstelle ersetzt, um so auf die veränderten Verhältnisse der Familie hinzuweisen. (Es handelt sich sozusagen um eine öffentliche Ankündigung.)
Die Sitte der Barasana, Pirá-Paraná und Uaupés, das gesamte materielle Gut aus dem Haus zu tragen bevor Mutter und Kind es betreten haben und danach wieder ins Haus zu schaffen, läßt meines Erachtens die gleiche Interpretation zu. Auch hier soll durch diese recht aufwendige Aktion symbolisch auf die Ankunft des Kindes und die Vergrößerung der Familie hingewiesen werden.
Ein weiterer Gegenstand besonderer Aufmerksamkeit im perinatalen Zeitraum ist der Umgang mit Genipa (Bixa Orellana und andere Arten). Bei den Cubeo sollte eine schwangere Frau eine andere Frau nicht mit Genipa bemalen, da sonst ihr Kind ohne Mongolenfleck geboren würde. Da das gegenseitige Bemalen mit Genipa bei den Cubeo Frauen eine übliche Handlung ist, glaube ich dieses Verhalten dahingehend deuten zu können, daß eine schwangere Frau durch die Verweigerung eben dieser üblichen Handlung auf ihren

besonderen Zustand hinweisen will.
Die Arten der postnatalen Bemalung unterscheiden sich vielfach in Hinblick auf die Personen, die bemalt werden, auf den Zeitpunkt und auf das Muster der Bemalung. Einen Einblick in diese Vielfalt geben allein schon die hier behandelten Beispiele aus Nordwest-Amazonien. Bei den Cubeo und Tucuna wird das Kind nach der Geburt mit Genipa angemalt.Die Witoto Eltern bemalen sich die Hände und Füße rot. Bei den Cubeo wird das Neugeborene am Tag nach der Geburt mit roten Tupfern versehen, um es so dem Jaguar ähnlich zu machen. Bei den Pirá-Paraná werden Mutter, Vater und Kind mit roter Farbe angemalt nachdem sie einige Tage lang das Wochenbett gehütet haben.
Wie schon bei der Besprechung der auf die Ernährung bezogenen Regeln beschrieben, ist der Alkoholkonsum bei vielen Gruppen Amazoniens perinatal eingeschränkt. Nimuendajú (1952:52) führt aus, daß es unter den alkoholisierten Tucuna häufig zu Streitereien komme. Die Einschränkung exzessiven Alkoholgenußes hat somit die direkte Konsequenz, daß im perinatalen Zustand weniger Streitigkeiten auftreten. In diesem Zusammenhang ist auch Rodways (1895:25-27) Beobachtung zu sehen, daß es bei den Gayana Indianern zwischen Mann und Frau nach der Geburt kaum zu Streitigkeiten kommt.
Es existieren noch eine Vielzahl von perinatalen Bräuchen, die sich auf alltägliche Handlungen beziehen. Sie können hier nicht alle behandelt werden, da es sich meistens um lokale Varianten handelt. Als eine solche Variante möchte ich hier z. B. die Sitten anführen, die uns von den Okáina berichtet werden: Es werden die Worte über den Körper der Gebärenden ausgesprochen oder es werden postnatal Kreuze an den gewöhnlich benutzen Fußwegen angebracht.

2.3. Regeln, die die Lokalität betreffen.

In diesem Kapitel werden der Ort der Geburt und alle anderen Orte, die im perinatalen Zeitraum eine besondere Rolle spielen untersucht.

2.3.1. Darstellung der die Lokalität betreffenden Regeln in Nordwest-Amazonien.

Die in Nordwest-Amazonien belegten Fälle werden im Folgenden für jede Gruppe einzeln in alphabetischer Reihenfolge aufgeführt. Die Quellen sind wieder jeweils hinter dem Gruppennamen angegeben.
BARASANA (S.Hugh-Jones 1979:186)
Die Geburt eines Barasana Kindes sollte in der Maniok-Pflanzung stattfinden.
BORA (Tessmann 1930:278; Girard 1958:94)
Nach Tessmann und Girard findet die Geburt in der Regel im Freien statt.
CUBEO (Koch-Grünberg 1909/10:II146; Goldman 1948:787; Goldman 1963:166-169)
Koch-Grünberg berichtet, daß die Geburt bei den Cubeo entweder im Wohnhaus, in einer abseits gelegenen Hütte oder im Wald stattfindet. Goldman dagegen behauptet 1948, daß eine Geburt bei den Cubeo niemals im Haus stattfinde. Seiner Beobachtung nach kommt die Frau in der Regel im Maniok-Garten nieder. Diese Aussage wird von Goldman selbst 1963 relativiert: Nicht alle Kinder der Cubeo seien im Garten geboren. Gelegendtlich ist eine Geburt außerhalb des Hauses zu 'gefährlich' und die Frau zieht sich dann hinter einen Schirm in den hinteren Teils des Hauses zurück. Bei schlechtem Wetter und in der Nacht gebären Frauen auch auf dem hinteren Teil der Plaza.
Die Cubeo können keinen besonderen Grund dafür angeben, warum das Kind in der Maniokpflanzung geboren werden sollte. Sie sind jedenfalls der Auffassung, daß, wenn ein Kind im Haus geboren wird, 'irgendetwas falsch laufen würde'. Findet eine

Geburt unter besonderen Umständen doch im Haus statt, so achten die Cubeo darauf, daß dies nicht in der männlichen Domäne des Hauses geschieht. Das Kind muß im weiblichen Teil des Hauses geboren werden und von dort rituell in den männlichen Teil eingeführt werden.
Nach der Geburt halten sich beide Eltern nach Möglichkeit innerhalb des Hauses auf. Sie halten sich vor allem vom Fluß fern, da sie sonst sicherlich von einem Flußungeheuer angefallen würden. Der Fluß wird später für beide Eltern und die Kinder durch ein Ritual wieder 'sicher' gemacht.
SIUSI (Koch-Grünberg 1909/10:I182/3)
Die Geburt eines Siusí Kindes findet im weiblichen Teil des Hauses statt. Zur Stunde der Geburt verlassen alle Männer das Haus.
TUCUNA (Tessmann 1930:563; Nimuendajú 1948:717; Nimuendajú 1952:68-69)
Nach Tessmann findet die Geburt im Haus statt. Nimuendajú schildert den Vorgang anders: Wenn der Zeitpunkt der Geburt naht, errichtet der Vater in der Nähe des Hauses eine im Dickicht versteckte, geschützte Plattform. Sobald die Wehen beginnen, wird die Frau dorthin geführt. Ihre Hängematte und ihr Mosquito-Netz werden dort angebracht. Der Ehemann hält sich zum Zeitpunkt der Geburt im Haus auf. Nach der Geburt werden die Hängematte und das Mosquito-Netz abgenommen und die Plattform zerstört. Das Kind wird ins Haus gebracht, wo die Mutter die nächsten fünf bis acht Tage bleibt. Auch der Vater verläßt das Haus nur, um sich im Fluß zu baden.
WITOTO (Preuss 1921:164; Farabee 1922:142; Tessmann 1930:326; Steward 1948B:757; Girard 1958:63)
Alle Autoren stimmen darin überein, daß eine Geburt außerhalb des Hauses stattfindet. Girard gibt als Ort der Geburt den Garten an, während die anderen Autoren lediglich von einer Geburt im Wald sprechen. Nach Girard ist es für eine Mutter strikt verboten, in der Nähe der Feuerstelle -und somit im Haus- niederzukommen. Die Witoto gaben ihm dafür als Motiv an, daß es eine Feigheit der Frau sei, wenn sie nicht auf der Rodung gebären würde.

Preuss berichtet, daß ein Mann postnatal fünf Tage lang bei seiner Frau bleibt.

2.3.2. Diskussion der vorhandenen Daten

Die Mehrzahl der aus dem Gebiet des Nordwest-Amazonas vorliegenden Quellen läuft darauf hinaus, daß eine Geburt im Normalfall außerhalb des Hauses stattfinden sollte. Die Formulierungen, die diese Regel beschreiben, lassen auf verschiedene Möglichkeiten schließen:

1. Die Geburt findet im Garten statt. Dies ist in Nordwest-Amazonien bei den Barasana und den Pira-Parana der Fall.
2. Das Kind wird, wie z. B. bei den Okaina, im Wald geboren.
3. Die Geburt findet in einer speziell errichteten Geburtshütte oder unter einer Schutzvorrichtung statt, wie es z. B. bei den Tucuna praktiziert wird.
4. Es wird lediglich berichtet, daß eine Geburt außerhalb des Hauses stattfinden sollte (Bora).

Die Cubeo können für die Existenz einer solchen Regel, daß ein Kind außerhalb des Hauses geboren werden sollte, offenbar keinen genauen Grund angeben. Sie sind lediglich der Auffassung, daß, falls ein Kind doch im Haus zur Welt kommt, 'irgendetwas falsch laufen würde'. Eine andere Begründung, warum eine Geburt außerhalb des Hauses stattfinden sollte, wird uns von anderen Gruppen gegeben: Die Jivaro, die den Garten als Ort der Geburt bevorzugen (Harner 1972:84) und die Yagua, die eine spezielle Geburtshütte errichten (Fejos 1943:70), geben die 'Privatheit' der Mutter als Grund für ihr Handeln an. Das Wort 'Privatheit' deutet hier darauf hin, daß der Mutter die Gelegenheit gegeben wird, ihr Kind in relativer Ruhe und Abgeschiedenheit zur Welt zu bringen.
Kloos (1971:96) ist der Meinung, daß eine schwangere Frau, die pränatal kaum Rücksichten auf ihren Zustand nimmt, -wie es bei den Indianerfrauen oft der Fall ist,- und trotz ihres Zustandes einen großen Teil ihrer alltäglichen Arbeit verrichtet, von dem Einsetzen der Wehen überrascht werden kann und das Kind dann eben da zur Welt bringt, wo sie sich

gerade befindet. Dies erklärt, warum eine Geburt, die in der Regel außerhalb des Hauses stattfinden sollte, auch im Haus stattfinden kann, oder warum umgekehrt eine Geburt, die in der Regel im Haus stattfinden sollte, auch außerhalb des Hauses stattfinden kann.

Für das Gebiet des Nordwest-Amazonas sind uns im Haus stattfindende Geburten von den Siusí und -unter Vorbehalt- von den Muenane überliefert. Auch bei den sich im Haus ereignenden Niederkünften bleibt das Prinzip der Ruhe und Abgeschiedenheit bewahrt. Viele Gruppen errichten zu diesem Zweck einen Verschlag oder einen abgetrennten Raum aus Palmblättern oder ähnlichem sicht- und schallhindernden Material. Dies ist z. B. bei den Maroni River Kariben (Kloos 1971: 96) und den Taulipáng (Koch-Grünberg 1923:362) der Fall. Es lassen sich aber auch zu dieser Regel Ausnahmen anführen. Koch-Grünberg (1923:362) beobachtete eine Yekuaná Frau, die ihre Kinder im Wohnraum der Familie zur Welt brachte. Solche Ausnahmen können jedoch nicht von der Tatsache ablenken, daß fast alle Gruppen eine Isolierung der kreißenden Frau vornehmen und dafür sorgen, daß sie möglichst ungestört bleibt. Die Präferenz eines Ortes außerhalb des Hauses für die Geburt hat den Vorteil, daß sich die Placenta problemlos beseitigen läßt. Die Nachteile einer Geburt im Freien werden von Simson in seinem Bericht über die Jivaro folgendermaßen geschildert:

> "... at the birth of a child, the mother has to undergo all her parturient troubles outside the house, <u>exposed to the elements</u> ..." (1886:92)

Mir erscheint eine solche Behauptung zweifelhaft. Harner (1972:84) beschreibt zwar auch, daß eine Geburt bei den Jivaro normalerweise im Freien stattfindet, aber er weist ausdrücklich darauf hin, daß der Ort der Geburt bei Regen ins Haus verlagert wird. Eine zusätzliche Erschwernis der Geburt dadurch, daß die Mutter sich schutzlos den eventuell widrigen Wetterverhältnissen aussetzen muß, ist also offenbar nicht gegeben. Simsons Schilderung ist vermutlich eine Interpretation der ihm bekannten Regel, daß eine Jivaro Frau

im Freien gebären sollte.
Es ist für die indianischen Frauen durchaus üblich, daß sie ihre Kinder an ihnen vertrauten Orten zur Welt bringen. Kinder, die an einem anderen Ort als dem gewohnten, auf Reisen oder in anderen Siedlungen geboren werden, sind so außergewöhnlich, daß sie von manchen Gruppen -wie z. B. den Maroni River Kariben (Kloos 1971:99)- mit einem speziellen Namen belegt werden.
Die Darstellung des 'Gebots der Ruhe' und der 'Reduzierung der Arbeit' wies bereits darauf hin, daß sich beide Eltern in Folge ihrer relativen Inaktivität postnatal größtenteils im Haus oder in der Geburtshütte aufhalten. Diese Regeln können auch als 'lokale' aufgefaßt werden. Wenn ich z. B. das Wochenbett hüten soll, bin ich für die Dauer dieses Gebots an den Ort gebunden, wo ich das Wochenbett hüten soll. Unter Punkt 2.1.2. wurde bereits darauf hingewiesen, daß Reisen für beide Eltern im perinatalen Zeitraum als Ausnahme anzusehen sind. Dies kann einerseits durch solche Regeln wie z. B. 'sich im oder in der Nähe des Hauses aufzuhalten' ausgedrückt sein, audererseits werden solche Regeln ausdrücklich formuliert. Rodway informiert uns über ein solches bei den Guayana-Indianern bestehendes Verbot:

> "If he [der Vater] has occasion to travel, he must not go very far ..." (1895:25)

Rodway bezieht hier das Gebot, sich bei Gelegenheit einer Reise nicht allzu weit von zu Hause zu entfernen, nur auf den Vater. Da bei den Indianern Amazoniens Männer häufiger Reisen unternehmen als die Frauen, kann man darin den Grund für die Schilderung dieses Gebotes als nur für den Mann geltend sehen. Die für die Frau bestehenden Regeln, 'sich im Haus aufzuhalten', oder 'das Wochenbett zu hüten', implizieren jedoch auch ein für die <u>Frau</u> bestehendes 'Reise- oder Entfernungsverbot'.
Kaplan (1975:27) weist darauf hin, daß die Piaroa Reisen allgemein als sehr gefährlich ansehen. Diese Sicht dürfte der Realität entsprechen. Reisen ist häufig eine Quelle für Unfälle und Verletzungen und unterliegt somit auch dem unter

Punkt 2.2.3. angeführten 'Unfallvermeidungsgebot'. Werden solche Risiken trotzdem in Kauf genommen, muß der auf Reisen befindliche Vater besonders sorgfältig sein. Dies zeigt sich in dem unter Punkt 2.1.2. angeführten Zitat, das beinhaltet, daß ein Diau Vater, der Farabee auf seiner Reise begleitet, seine Diät und seine Vorsichtsmaßnahmen strikt beachtet. Das Gebot, 'sich postnatal in der Nähe seines Hauses aufzuhalten', greift auch in die Belange anderer Regeln ein. Unter Punkt 2.2.3. wurde gezeigt, daß die Jagd großer Tiere in der Regel zu unterbleiben hat. Große Tiere werden meist in beträchtlicher Entfernung -manchmal sogar einige Tagesreisen weit- von dem eigenen Wohnort gejagt. Dies würde dem 'Reise- und Entfernungsverbot widersprechen und ist schon allein von daher zu unterlassen.

Die Angaben, wie sich die Eltern im perinatalen Zeitraum in Bezug auf den Fluß zu verhalten haben, zeigen eine große Varietät. Lenoel (1884:547) berichtet, daß eine Marouane Frau in der Nähe des Flußes gebären sollte. Ein Tucuna Vater geht sich nach der Geburt seines Kindes im Fluß waschen. Die Cubeo Eltermn hingegen sollten den Fluß meiden, um sich nicht den Flußgeistern auszusetzen. Eine Cashibo Frau sollte pränatal nicht durch tiefes Wasser waten oder im Kanu darüberfahren (Frank 1982).

So widersprüchlich diese Angaben auf den ersten Blick scheinen, lassen sie doch die Folgerung zu, daß bei vielen Gruppen Amazoniens im perinatalen Zeitraum dem Fluß gegenüber große 'Vorsicht' geboten ist. Diese Regel reflektiert die Bedeutung, die der Fluß im Leben der Indianer spielt:

1. Er ist eine reale Quelle der Gefahr. Es kommt nicht selten zu Bootsunfällen, die Verletzungen oder sogar den Tod zur Folge haben. Eine weitere Gefahr bilden einige der in und um den Fluß lebenden Tiere. Um das 'Unfallvermeidungsgebot' zu befolgen, ist somit der Fluß in der Regel zu meiden.

2. Die Flüsse sind die 'Straßen' des Amazonasgebietes. Werden irgendwelche weiteren Reisen unternommen, geschieht dies in der Regel auf dem Fluß. Um das 'Reiseverbot' zu beachten, ist es somit ratsam, den Fluß zu meiden.

Die Tatsache, daß sich, obwohl der Fluß zu meiden ist, bei manchen Gruppen Väter, Mütter und Kinder im perinatalen Zeitraum trotzdem in ihm waschen, entspringt einem hygienischen Bedürfnis. Handlungen, die nur schwer zu vermeiden sind, werden normalerweise auch nicht von den Regeln der Couvade erfaßt. Über einen bestimmten Zeitraum vermeidbare Aktivitäten, wie z. B. das Befischen des Flußes mit Netzen bei den Quijo (Oberem 1971:195), können allerdings von den Restriktionen betroffen sein. Läßt sich aus irgendwelchen Gründen aber das Befahren des Flußes oder in seine Nähe zu kommen nicht vermeiden, so kann der Fluß auf magische Weise 'gereinigt' und 'sicher' gemacht werden:

> " ... in passing a creek [the father] must first lay across it a little bridge, or bend a leaf into the shape of canoe ..." (Rodway 1895:25)

2.4. Regeln, die das Sexualverhalten betreffen.

In diesem Kapitel wird untersucht, ob das sexuelle Verhalten der Eltern vor oder nach der Geburt in irgendeiner Weise reglementiert ist.

2.4.1. Darstellung der auf das sexuelle Verhalten bezogenen Regeln in Nordwest-Amazonien.

Die das Sexualverhalten betreffenden Regeln werden im folgenden bei den Gruppen des Nordwest-Amazonas-Gebietes dargestellt. Die Gruppen werden in alphabetischer Reihenfolge angeführt; die Quellen sind hinter den jeweiligen Gruppennahmen angegeben.

BORA (Tessmann 1930:279)
Nach der Geburt eines Kindes üben beide Eltern untereinander keinen Geschlechtsverkehr aus, bis das Kind laufen kann (ca. ein bis anderthalb Jahre).

CUBEO (Goldmann 1963:166,169)
Die Cubeo glauben, daß der Geschlechtsverkehr der beiden Eltern untereinander nach bereits erfolgter Empfängnis die Anzahl der Foeten im Leib der Mutter vermehren würde. Man erzählt sich Geschichten von Paaren, die diesen Umstand nicht beachteten und wo der Leib der Mutter durch die Akkumulation der Foeten 'zerplatzt' sei. Daher wird der Geschlechtsverkehr unterbrochen, sobald ein Mann seine Frau für schwanger hält. Als sicheres Zeichen für eine Schwangerschaft gilt bei den Cubeo das Anschwellen des Abdomens der Frau.
Nach der Geburt üben beide Eltern keinen Geschlechtsverkehr aus, bis 'feste Nahrung' ein ständiger Bestandteil in der Ernährung des Neugeborenen geworden ist (ca. ein Jahr). Ein Ehebruch des Mannes würde für das Kind gefährlich sein.

MUENANE (Tessmann 1930:336)
Nach der Geburt wird der Geschlechtsverkehr der Eltern erst wieder aufgenommen, wenn das Kind laufen kann.

OKAINA (Tessmann 1930:558)
Beide Eltern verkehren untereinander erst wieder sexuell,

wenn das Kind laufen kann. Der Mann kann in dieser Zeit mit anderen Frauen sexuelle Beziehungen haben.

PIRA-PARANA (C.Hugh-Jones 1979:125)

Bis das Kind entwöhnt ist, sollten beide Eltern nach der Geburt keinen Geschlechtsverkehr ausüben. Die Abfolge der Geburten läßt nach C.Hugh-Jones darauf schließen, daß diese Regel auch eingehalten wird.

TUCUNA (Nimuendajú 1952:70)

Nach der Geburt eines Kindes sollten Mann und Frau für ca. ein Jahr lang sexuell nicht miteinander verkehren.

WITOTO (Tessmann 1930:326)

Der Geschlechtsverkehr zwischen beiden Eltern kann einen Monat nach der Geburt wieder aufgenommen werden.

2.4.2. Diskussion der vorhandenen Daten

Daten über das Sexualverhalten einzelner Gruppen zu erheben, ist in der Regel ein äußerst schwieriges Unterfangen. So sind auch die Informationen, die hier über die Art und Weise sexueller Beziehungen im perinatalen Zeitraum vorliegen, äußerst spärlich. Für das Gebiet des Nordwest-Amazonas können wir lediglich die Cubeo als Beispiel einer Gruppe anführen, die eine Reglementierung des pränatalen Sexualverhaltens kennt: Der Geschlechtsverkehr sollte in der Schwangerschaft möglichst unterbleiben, da sonst mit negativen Folgen für die Mutter gerechnet werden muß.

Über das Verhalten der Yanoama informiert uns Smole:

> "During pregnacy sexual relations are prohibited (at least in theory)..." (1969:73)

Geht aus diesem Zitat auch nicht eindeutig hervor, ob die Yanoama in der Schwangerschaft nun sexuelle Beziehungen pflegen oder nicht, so bleibt doch festzuhalten, daß bei einigen Gruppen Amazoniens Vorstellungen vorhanden sind,die eine negative Bewertung der Ausübung des Geschlechtsverkehrs in der Schwangerschaft vornehmen.

Von anderen Gruppen Amazoniens ist eine genau entgegengesetzte Bewertung bekannt. Als Beispiel seien hier die Sirio-

nó angeführt:

> "When first conceived, the child is believed to be a miniature replica of the infant at the time it is born, and intercourse is thought to stimulate the growth of the infant in the mother's womb. Thus intercourse is desirable throughout pregnancy. During the earlier stages it should be slow and not occur too often, for the child is very small, but during the later stages it should be more rapid and occur mor often, for the child is large and anxious to be born." (Holmberg 1969:173)

Diese Beispiele zeigen, daß von einem einheitlichen Sexualverhalten während der Schwangerschaft keine Rede sein kann. Sie zeigen aber auch, daß die Schwangerschaft als ein Zustand erkannt wird, der eine wie auch immer geartete Regulierung der sexuellen Beziehungen erforderlich macht.
So konträr die Ansichten über das ideale sexuelle Verhalten während der Schwangerschaft sind, so einheitlich sind sie, was das postnatale Verhalten anbelangt. Allein in Nordwest-Amazonien lassen sich gemäß meiner Darstellung sieben Fälle anführen, die ein Verbot des Geschlechtsverkehrs nach der Geburt belegen: die Bora, Cubeo, Muenane, Okáina, Pirá-Paraná, Tucuna und Witoto. Obwohl auch gegenteilige Aussagen vorhanden sind, wie z. B. die von Gillin (1948:851), daß es bei den Guiana Indianern während der Laktation keine Geschlechtsverkehr-Verbote zu geben scheint, glaube ich doch davon ausgehen zu können, daß das postnatale Sexualverhalten bei allen Gruppen Amazoniens reglementiert ist. Beobachtungs- und Informationslücken lassen hier eher auf die Schwierigkeiten bei der Beobachtung und Erfragung dieses Sachverhaltes schließen, als auf die Nicht-Existenz postnataler Sexualregeln. Schon rein medizinische Gründe verlangen ein Konzept der Möglichkeit bzw. Unmöglichkeit des Geschlechtsverkehrs nach der Geburt.
Die Dauer der Geschlechtsverkehr-Verbote wird, wie schon das Vergleichsmaterial aus Nordwest-Amazonien zeigt, häufig mit ein bis anderthalb Jahren angegeben. Eine Ausnahme bildet hier Tessmanns Aussage, daß die Witoto Eltern bereits einen

Monat nach der Geburt sexuell wieder miteinander verkehren. Frank (1982) berichtet, daß die Intervalle sexueller Enthaltsamkeit bei den Cashibo nach der Geburt des dritten bis vierten Kindes kürzer sind, als nach der Geburt der ersten Kinder. Bei den Maroni River Kariben (Kloos 1971:101-102) ist die Frequenz des Geschlechtsverkehrs nach der Geburt zunächst niedrig, nimmt aber mit der Zeit zu, spätestens dann, wenn das jüngste Kind laufen kann und die Eltern sich das nächste Kind wünschen. Diese Daten belegen, daß die indianischen Vorstellungen über den Termin der Wiederaufnahme des Geschlechtsverkehrs nach einer Geburt nicht starr sind, sondern sich im Wesentlichen nach den Vorstellungen über Größe und geschlechtliche Zusammensetzung der Idealfamilie ausrichten.

Die Angaben in der mir vorliegenden Literatur über die von den Geschlechtsverkehr-Verbotenen betroffenen Personen lassen sich in zwei verschiedene Gruppen einteilen:

1. Beiden Eltern ist der Geschlechtsverkehr postnatal generell untersagt, was z. B. bei den Tschama (Tessmann 1928: 213) oder den Warrau (Kirchoff 1948:875) der Fall sein soll.
2. Die Verbote sind so formuliert, daß der Geschlechtsverkehr der beiden Eheleute untereinander untersagt ist, wie dies z. B. von den Cashinawa behauptet wird (Métraux 1948: 675/6).

Während die Aussage der in der ersten Gruppe zusammengefaßten Informationen eindeutig ist, lassen die in der zweiten Gruppe zusammengefaßten Informationen die Möglichkeit offen, den Geschlechtsverkehr mit einer anderen Person als dem Ehepartner doch auszuführen. Bei der Behandlung der Okáina weist Tessmann ausdrücklich darauf hin, daß der Mann postnatal mit anderen Frauen sexuelle Beziehungen unterhalten kann. (Es darf hier jedoch nicht verschwiegen werden, daß Tessmanns Informant ein Mann war.) Demgegenüber steht die Information Goldmans, daß bei den Cubeo der Ehebruch des Mannes für das Kind schädlich sei. Der Mangel an Information (und auch an Angaben über die Umstände deren Erlangung) lassen eine letztliche Klärung dieser Frage jedoch offen.

2.5. Regeln, die den Kontakt mit anderen Personen betreffen.

In diesem Kapitel wird die Frage behandelt, welche Personen bei der Geburt anwesend sind und welche Personen der kreißenden Frau bei der Geburt helfen dürfen. Ferner wird untersucht, ob die Eltern den Kontakt zu irgendwelchen Personen einschränken sollten.

2.5.1. Darstellung der den Kontakt mit anderen Personen betreffenden Regeln in Nordwest-Amazonien.

Die in Nordwest-Amazonien belegten Fälle werden in alphabetischer Reihenfolge aufgeführt. Die Quellen sind jeweils hinter dem Gruppennahmen angegeben.

BORA (Tessmann 1930:278)

Bei der Geburt wird der Frau von zwei anderen Frauen oder ihrem Mann geholfen.

CUBEO (Koch-Grünberg 1909/10:11 146; Goldmann 1948:787; Goldmann 1963:167-168)

Nach Koch-Grünberg kann eine Frau bei ihrer Niederkunft den Beistand aller anderen Frauen der Gruppe in Anspruch nehmen. Nach Goldmann hilft bei der ersten Geburt einer Frau deren Schwiegermutter. Die weiteren Geburten finden in der Regel ohne Beistand statt. Wenn sich eine Frau jedoch schwach fühlt, fragt sie ihre Schwiegermutter oder andere Frauen um Hilfe. Treten bei der Geburt Schwierigkeiten auf, wird ein Schamane zur Hilfe gerufen. Der Mann darf bei der ersten Niederkunft seiner Frau nicht zugegen sein.

Im anschließenden dreitägigen Wochenbett werden beide Eltern von anderen Personen des Haushalts versorgt; sie sprechen jedoch mit niemanden.

Die anderen Kinder des Ehepaares werden -wenn möglich- in einen anderen Haushalt gebracht.

OKAINA (Tessmann 1930:557; Girard 1958:129)

Tessmann sagt, daß andere Frauen bei der Geburt helfen. Nach Girard geschieht das in den seltensten Fällen.

PIRA-PARANA (C.Hugh-Jones 1979:123)

Einer Frau sollte bei ihrer Niederkunft von einer anderen erfahrenen Frau geholfen werden. Männer dürfen nicht anwesend sein.

SIUSI (Koch-Grünberg 1909/10:I182)
Steht eine Geburt bevor, verlassen alle anwesenden Männer das Haus. Die Frauen helfen bei der Entbindung.

TUCUNA (Tessmann 1930:563; Nimuendajú 1952:68)
Bei einer Geburt können verwandte Frauen Hilfe leisten. Die Männer entfernen sich aus der Nähe der Kreißenden.

WITOTO (Farabee 1922:142; Tessmann 1930:326)
Nach Farabee begibt sich eine Frau zur Geburt allein in den Wald. Tessmann spricht dagegen von mehreren Helferinnen.

2.5.2. Diskussion der vorhandenen Daten.

Da die meisten Indianerfrauen leichte Geburten haben, ist eine Hilfe bei der Geburt nicht immer erforderlich. Dies ist z. B. bei den Cubeo der Fall, wo einer noch unerfahrenen Frau bei ihrer ersten Geburt von ihrer Schwiegermutter, die ja bereits durch ihre eigenen Niederkünfte erfahren ist, geholfen wird. Die weiteren Geburten finden, wie Goldman ausführt, in der Regel ohne irgendeine Hilfe statt. Entscheidend an Goldmans Schilderung ist, daß auch eine bereits erfahrene Frau wieder um Hilfe bittet, wenn sie sich 'schwach' fühlt. Ausschlaggebend, ob einer Frau bei ihrer Geburt geholfen wird oder nicht, ist ihr subjektives Wohlbefinden. Es bestehen offenbar keine Vorschriften, ob einer schwangeren Frau bei der Niederkunft Unterstützung geleistet werden soll oder nicht, sondern dies wird offensichtlich nach dem Prinzip 'Aufwand nach Notwendigkeit' entschieden.
Dieses Prinzip erklärt auch die Unterschiedlichkeit solcher Informationen, wie sie z. B. von Farabee und Tessmann über die Witoto gegeben werden. Fragt z. B. Farabee seinen Witoto Informanten, 'Wie kommt ein Kind zur Welt?', wird dieser mit seiner Antwort auf das ihm als 'normal' erscheinende Verhalten eingehen und aussagen, daß eine Frau in den Wald geht und dort allein ihr Kind zur Welt bringt. Stellt dagegen Tess-

mann die Frage, 'Welche Personen helfen bei der Geburt?', wird sein Informant ihm vermutlich korrekt antworten: 'mehrere Frauen!'. Tessmann muß sich in dieser Situation keineswegs bewußt sein, daß er mit seiner Frage bereits einen Sonderfall implizierte, nämlich die erste Geburt einer Frau oder eine Geburt bei der Komplikationen auftreten. Es bleibt festzuhalten, daß die Frage der Hilfe bei der Geburt nicht durch irgendwelche starren Regeln fixiert ist, sondern von der betroffenen Frau individuell entschieden wird. Es scheint jedoch auch eine für ganz Amazonien gültige Regel zu sein, daß einer niederkommenden Frau im Falle einer Erstgeburt oder bei auftretenden Komplikationen tendenziell in verstärktem Maße Hilfe zu Teil wird.

Einige Gruppen kennen ein für Männer bestehendes Anwesenheitsverbot bei der Geburt. Bei den Siusí und Tucuna z. B. muß sich der Mann von der Stätte der Niederkunft fernhalten. Bei den Pirá-Paraná darf überhaupt kein Mann bei der Geburt anwesend sein. Ähnliches gilt auch für andere Gruppen, wie z. B. für die Taulipáng (Koch-Grünberg 1923:134).

Andere Gruppen wiederum erlauben dem Mann ausdrücklich, bei der Geburt anwesend zu sein und der Kreißenden zu helfen. Auf die Ursachen eines solch gegenteiligen Verhaltens wird noch unter Punkt 4.2. eingegangen werden.

Der postnatale Kontakt der Eltern mit anderen Personen ist, wie aus vielen Quellen über das Gebiet des Amazonas hervorgeht, eingeschränkt. Dieser Sachverhalt ist bereits in dem unter Punkt 2.2.2. behandelten 'Gebot der Ruhe' und der damit verbundenen Isolation der Eltern impliziert. Ob sich die Eltern nun in einer eigens errichteten Geburtshütte oder hinter einem Verschlag im Gemeinschaftshaus aufhalten, der Effekt ist immer der gleich: Sie werden von den übrigen Mitgliedern der Gruppe isoliert. Diese den Kontakt betreffenden Regeln müssen nicht unbedingt von den Gruppen selbst als solche formuliert werden, da sie eben schon Bestandteil anderer Regeln sind. Auf die Existenz eines Bewußtseins von solchen Regeln bei den Indianern läßt sich jedoch aus einigen Berichten schließen, von denen hier einer stellvertre-

tend angeführt sei:

> "J'arrive, le lendemain, chez une autre connaissance, le chef Namaoli. Il n'est pas au débarcadère, mais je trouve à sa place le piay Panakiki. Celui-ci m'informe que le tamouchi <u>ne peut pas sortir parce qu'il vient d'avoir un enfant.</u>
> '<u>Si tu pénètres dans sa hutte,</u> me dit-il, <u>tes chiens mourront</u> bien vite.'
> Cette menace n'a rien qui soit bien effrayant pour moi puisque je n'ai pas de chiens." (Crevaux 1883:241)

Dieser Bericht über Crevaux's Aufenthalt bei den Roucouyennes offenbart einerseits das Bemühen der Roucouyennes, Crevaux von dem Vater fernzuhalten, andererseits macht es uns dessen Unvermögen deutlich, diese Absicht zu verstehen. Die Warnung der Roucouyennes, daß Crevaux's Hunde sterben würden, wenn er ihr 'Verbot', den Vater zu kontaktieren mißachten sollte, ist in diesem Fall ohne Belang (falls es sich nicht sowies nur um eine spontane Idee der Roucouyennes handelt, Crevaux von der Unrichtigkeit seines Tuns zu überzeugen). Relevant an dieser Aussage ist lediglich, daß es der Konzeption der Roucouyennes nach 'negativ' wäre, wenn Crevaux mit dem Couvade haltenden Mann in Berührung käme. Kaplan (1975:21) informiert uns über eine bei den Piaroa bestehende generelle Tendenz, den Kontakt mit 'Weißen' zu vermeiden, um so den von ihnen eingeschleppten Krankheiten zu entgehen. Daß eine solche Tendenz, die auf einer real begründeten Furcht fußt, zur Zeit einer bestehenden 'Krise', wie es die Geburt ist, verstärkt wird und als 'Regel' formuliert werden kann, darf unter diesen Umständen nicht verwundern.

Das Verhalten der Indianer ist aber nicht nur dem 'Weißen' gegenüber mit Skepsis beladen, sondern allgemein gegenüber allen 'Fremden'. Als 'fremd' klassifizierte Menschen stellen für die Amazonas Indianer immer eine potentielle Gefahr dar: Sie können Krankheiten bringen, Frauen und Kinder rauben, die Männer töten usw. So erscheint es als logische Konsequenz, wenn die 'Kontaktvermeidungsregel' auch auf indianische 'Fremde' ausgedehnt wird. Das unter Punkt 2.3.2. besprochene 'Reiseverbot' impliziert bereits eine solche Re-

gel, da auf Reisen zu gehen immer auch bedeutet, mit 'Fremden' in Kontakt zu kommen.
Die den Kontakt mit 'Fremden' regelnden Vorschriften sind von einer anderen Qualität, als die Regeln, die auf Grund der Isolation der Eltern den Kontakt mit Mitgliedern aus der eigenen Gruppe betreffen. Die Mitglieder der eigenen Gruppe sind ständig, trotz der Isolation der Eltern, in relativer Nähe präsent, während die Anwesenheit von und der Kontakt mit 'Fremden' stets eine Ausnahme ist. Der Kontakt der Eltern mit Mitgliedern der eigenen Gruppe ist nicht gänzlich zu vermeiden, z. B. wenn andere Frauen der Gruppe den Eltern die Nahrung zubereiten und bringen. Bei einigen Gruppen Amazoniens halten die Eltern sogar eine Art 'öffentlichen Empfang' aus Anlaß der Geburt ab, bei dem die Eltern sich und das Neugeborene den anderen Mitgliedern der Gruppe präsentieren. Als Beispiel für die Ausübung eines solchen Brauches seien hier die Maroni River Kariben (Kloos 1971:97), die Yagua (Fejos 1943:71) und die Yekuaná (Koch-Grünberg 1923:362/3) angeführt. Eine solche 'öffentliche Präsentation' widerspricht nicht der Regel, 'Kontakte zu vermeiden', sondern bestätigt sie: Beide Eltern opfern einen bestimmten Teil ihrer Zeit des Ausruhens, um ihrer 'Pflicht' nachzukommen, den anderen Mitgliedern der Gruppe das Neugeborene zu zeigen. Diese Praxis hat den Vorteil, daß die Eltern den übrigen Teil der ihnen zum Ausruhen zugestandenen Zeit ungestört sind und nicht ständig von 'neugierigen Nachbarn' belästigt werden.

2.6. Zusammenfassende Darstellung der Couvade in Amazonien.

In den Punkten 2.1. bis 2.5. wurde das komplexe System der Regeln der Couvade unter dem Gesichtspunkt einzelner Kategorien dargestellt und diskutiert. Das Ziel dieser zusammenfassenden Darstellung ist, die bei der Diskussion der einzelnen Kategorien gewonnenen Ergebnisse wieder zu einem einheitlichen Bild der Couvade in Amazonien zusammenzufügen. Die einheitliche Darstellung dieses Regelsystems wird dadurch erschwert, daß die Vorschriften der Couvade von Gruppe zu Gruppe und innerhalb der einzelnen Gruppen oft noch von Individuum zu Individuum differieren. Eine Auflistung der einzelnen Regeln erscheint mir daher wenig fruchtbar und nicht zweckdienlich. Da alle diese Regeln gemeinsame Bezugspunkte haben, wurde in dieser Arbeit der Versuch unternommen, die Vorschriften der Couvade auf eben diese gemeinsamen Bezugspunkte zu reduzieren, um so das Wesentliche der Couvade zu erfassen.

Alle Regeln der Couvade beziehen sich auf menschliches Verhalten. Daher wurden die Regeln der Couvade hier in Kategorien eingeteilt, die menschliches Verhalten zur Grundlage haben. Als Kriterium der Zuordnung der einzelnen partikulären Vorschriften wurde die Frage gestellt, welche Bereiche des menschlichen Daseins von der Couvade betroffen sind, und es wurde untersucht, inwieweit der normale Tagesablauf von diesen Regeln betroffen ist und verändert wird.

Bei der Bearbeitung des Themas nach den hier genannten Gesichtspunkten drängte sich eine Einteilung in folgende fünf Kategorien auf: Das Ernährungsverhalten, das Arbeitsverhalten, das Verhalten gegenüber bestimmten Lokalitäten, das Sexualverhalten und das Kontaktverhalten.

Die meisten Daten konnten für die beiden erstgenannten Klassen gewonnen werden, womit aber nichts über deren Bedeutung in Relation zu den drei anderen Klassen ausgesagt ist. Bei der Diskussion der einzelnen Kategorien stellte sich heraus, daß es in der indianischen Konzeption eine bestimmte Anzahl von 'Leitregeln' oder 'Oberregeln' geben muß, unter die sich die von den Gruppen selbst explizit angeführten Regeln zusammenfassen lassen.

Mit Ausnahme der das Sexualverhalten betreffenden Regeln, die nur im Zusammenhang mit der indianischen Familienplanung gesehen werden können, bilden diese Vorschriften ein komplexes System interdependenter 'Leitregeln', die alle auf dem zentralen 'Gebot der Ruhe' basieren. (Siehe Abb. 3 auf der nächsten Seite.)

Diese 'Leitregeln' sind nicht nur interdependent, sondern zum Teil auch reflexiv, was durch die Verbindungslinien auf Abbildung drei verdeutlicht werden soll. So z. B. bedingt die Einschränkung von Jagd und Fischfang die Reduzierung der Diät, die es ihrerseits überflüssig macht, daß Jagd und Fischfang in gewohntem Maße durchgeführt werden. Oder ein anderes Beispiel: Die Vorschrift, sich im Wochenbett aufzuhalten und das Gebot der Reduzierung des Kontaktes zu anderen Personen bedingen das Reiseverbot, das seinerseits einen Aufenthalt am Wohnort ermöglicht. Dies ist auch schon durch die Einschränkung von Jagd und Fischfang, die oft weit vom Wohnort entfernt stattfinden, bedingt. Der Aufenthalt am Wohnort wiederum ermöglicht der Frau, an einem vertrauten Ort niederzukommen. Andererseits bedingt die Regel, daß die Niederkunft an einem vertrauten Ort stattfinden soll das Reiseverbot, das seinerseits die Einschränkung von Jagd und Fischfang verlangt, die Reduzierung des Kontaktes zu anderen Personen bedingt und somit den Aufenthalt der Eltern im Wochenbett ermöglicht.

Ein Teil dieser Regeln -zumindest das 'Gebot der Ruhe'- ist allen Gruppen Amazoniens bekannt. Die Kenntnis perinataler Regeln impliziert jedoch nicht deren Befolgung.

Wenn ein problemloser Ablauf der Geburt gesichert scheint, kommt es häufig zu Übertretungen der Vorschriften. Es besteht eine Diskrepanz zwischen idealem und realem Verhalten der Indianer. Ein ideales Verhalten wäre die Befolgung aller -oder zumindest der wichtigsten- bekannten Regeln, durch deren Befolgung man einen störungsfreien Ablauf aller mit der Geburt zusammenhängenden Ereignisse garantieren

Abbildung 3

Interdependenz der Regeln der Couvade

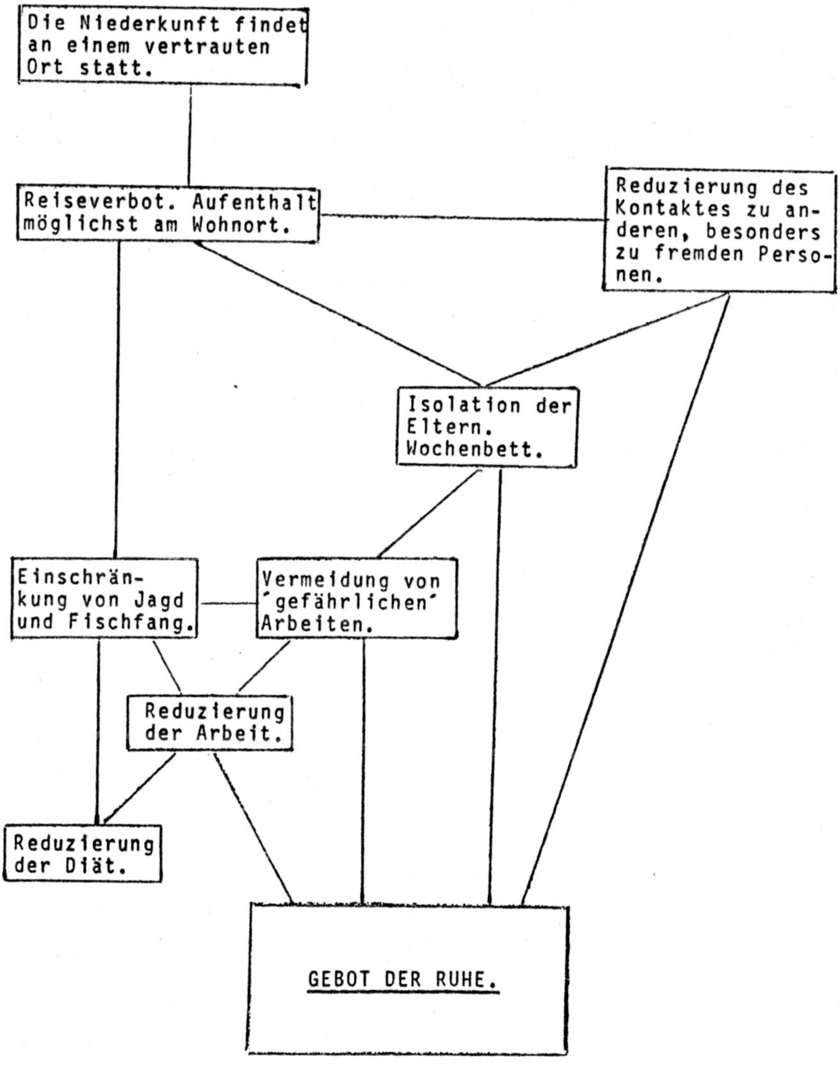

könnte. Diese Diskrepanz liegt in der Natur der indianischen Vorstellungen selbst. Eine Kongruenz von realem und idealem Verhalten ist nicht erreichbar. Würde z. B. trotz der Beachtung gewisser Regeln eine Störung des normalen Ablaufs der Geburt eintreten, müßte nach der Ursache gesucht werden und diese würde zweifellos in der Übertretung irgendeiner perinatalen Vorschrift, die dem verantwortlichen Individuum bis dahin eventuell gar nicht bekannt war, ausgemacht werden. Das System der Couvade ist nicht starr, sondern offen für Diskussionen und ständig neue Interpretation. Infolgedessen orientiert sich auch das ideale Verhalten nicht an fest vorgeschriebenen 'Gesetzen', sondern ist von individuellen Vorstellungen und Erfahrungen abhängig.
Das Ausmaß der Intensität und die Dauer der Befolgung der Regeln der Couvade können also nicht auf einer Skala gemessen werden, deren höchster Punkt ein (wie auch immer geartetes) ideales Verhalten ist. Die Entscheidung, ob Regeln überhaupt, wie lange und wie intensiv eingehalten werden müssen, muß in der indianischen Konzeption also von anderen Überlegungen als der Erreichung eines idealen Verhaltens abhängig sein.
Die Orientierungspunkte, nach denen sich das 'wie' des Verhaltens im perinatalen Zeitraum ausrichtet sind neben dem Verlauf der Geburt eine Reihe subjektiver Faktoren. So spielt z. B. die Anzahl der bereits vorhandenen Kinder und deren Geschlecht eine Rolle. Die indianische Konzeption von der Größe und geschlechtlichen Zusammensetzung einer Familie üben einen Einfluß darauf aus, wie strikt man sich an die Regeln der Couvade hält. Bei einer Erstgeburt werden die Regeln z. B. strikter beachtet als bei einer späteren.
Auch das subjektive Wohlbefinden einer Schwangeren ist einer dieser Faktoren. Eine Frau, die sich unwohl fühlt oder Komplikationen bei der Geburt befürchtet, wird sich auf jeden Fall 'strikt' an die ihr bekannten 'Gegenmittel', nämlich die perinatalen Vorschriften, halten und auch ihren Ehemann veranlassen, Gleiches zu tun.
Auf der gleichen Basis, auf der die Intensität der Befolgung

der Regeln der Couvade beruht, auf die subjektive Entscheidung, welcher Aufwand notwendig ist, fußt auch die Überlegung, wie lange man sich an die perinatalen Vorschriften halten sollte. Viele Verbote sind nicht genau zeitlich begrenzt, andere werden in ihrer Gültigkeit an äußeren Faktoren, wie z. B. dem Abfallen der Nabelschnur, ausgerichtet. Bei einer Reihe von Vorschriften, wie z. B. bei vielen Nahrungsmittelrestriktionen, werden die Beschränkungen phasenweise aufgehoben, bis wieder alle Nahrungsmittel als 'eßbar' angesehen werden.

So erweist sich die Couvade in Amazonien letztlich als ein sehr elastisches, individuell interpretierbares System von Regeln, deren Ziel ein möglichst störungsfreier Verlauf der Reproduktion und der sie begleitenden Umstände ist.

3. Emische Konzepte.

Wie bereits in der Einleitung festgelegt wurde, ist der emische Beobachtungspunkt der, der innerhalb des Systems liegt, sozusagen das Handeln aus der Sicht des Handelnden selbst.
In den Punkten 3. und folgenden sollen die Motive der Handelnden aus ihrer Sicht dargestellt werden.
Zur Darstellung der Motive ist es unerläßlich, kurz auf das ideologische System, in dem die Vorstellungen über die Couvade eingebettet sind, einzugehen. Dies wird unter Punkt 3.1. vorgenommen. Die Konsequenzen, die aus der Sicht der Handelnden drohen, wenn die Couvade nicht eingehalten wird, werden unter Punkt 3.2. behandelt. In einem angefügten Unterpunkt (Punkt 3.2.1.) wird untersucht, ob die von den einzelnen Gruppen angeführten Konsequenzen auf einer realen Basis beruhen.
Unter Punkt 3.3. wird noch einmal auf die bereits bei der Darstellung der Couvade festgestellten Tatsache zurückgegriffen, daß die Intensität der Beachtung der perinatalen Regeln auch von solchen Faktoren wie Größe, und geschlechtliche Zusammensetzung der Familie abhängig ist. Es wird untersucht, welche Mittel nach indianischer Konzeption Größe und geschlechtliche Zusammensetzung der Familie beeinflussen können und welche von diesen Mitteln im wissenschaftlichen Sinne effektiv sein könnten.
Als Abschluß des emischen Teils wird auf einen Sonderfall eingegangen: die Zwillingsgeburt.

3.1. Die gefährdete Seele.

Die religiösen Vorstellungen der Indianer Amazoniens beinhalten, daß alle Menschen, also auch die Kinder, eine Seele besitzen. Der Zeitpunkt, wann das Kind mit einer Seele ausgestattet wird, ist jedoch schwer zu bestimmen. Die Tupari (Caspar 1953:232f) z. B. wissen zwar von dem Zusammenhang zwischen Geschlechtsverkehr und Schwangerschaft, da aber Schwangerschaften in Bezug auf den Geschlechtsverkehr irregulär eintreten, machen sie nicht allein den Geschlechtsverkehr dafür verantwortlich. Ohne 'übernatürliche' Hilfe kann ihrer Meinung nach keine Frau schwanger werden. Die Tupari können den Zeitpunkt der Befruchtung letztlich nicht exakt bestimmen. Ähnliche Schwierigkeiten bei der Bestimmung des Zeitpunktes, wann ein Kind im Leib der Mutter ist, bestehen bei vielen anderen indianischen Gruppen Amazoniens (vergleiche Goldman 1963:172). Die äußerlich sichtbaren Zeichen einer Schwangerschaft, wie z. B. das Anschwellen des Abdomens oder das Ausbleiben der Regel, sind ihnen jedoch bekannt und werden auch als solche interpretiert. Unklar ist jedoch, ob das Kind der indianischen Konzeption nach zu diesem Zeitpunkt bereits eine Seele besitzt oder nicht. Fock (1963:141) führt in diesem Zusammenhang aus, daß er sich 'fast' sicher sei, daß die Waiwai ein Kind bereits seit der Empfängnis als mit einer Seele ausgestattet ansehen. Da man davon ausgehen kann, daß die Waiwai den Zeitpunkt der Empfängnis nicht exakt bestimmen können, ist er nicht als wissenschaftliche Datierung anzusehen, sondern als eine individuelle. Es ist fraglich, ob es überhaupt in der Absicht der Indianer liegt, eine exakte Datierung der 'Beseelung' des Foetus vorzunehmen, oder ob dies nicht vielmehr ein Ereignis ist, über das innerhalb der Gruppe Uneinigkeit herrschen und diskutiert werden kann. Sicher ist jedoch, daß mit den äußerlich sichtbaren Zeichen der Schwangerschaft und dem näher rückenden Zeitpunkt der Niederkunft die Wahrscheinlichkeit zunimmt, daß der Foetus bereits eine Seele besitzt. Dieser Punkt ist von Bedeutung, weil die Indianer die Seele des Kindes als allen möglichen Gefahren ausgesetzt sehen. Dabei gilt der Zeitpunkt der Geburt als besonders kritisch, da die Seele des Kindes noch nicht 'stark' genug ist, allen diesen Gefahren zu begegnen. Aber auch die Seelen der Eltern sind im perinatalen Zeitpunkt besonders 'schwach' und daher gefährdet.

> "The general indian idea is that <u>both</u> the new-born child and its parents, and especially the first mentioned, are badly exposed to supernatural enemies, and owing to the cloth and mystical relation which exists between the parents and their offspring, any carelessness on the part of the former is supposed to entail unfortunate consequences for the latter." (Karsten 1914/15:7)

Die von Karsten erwähnte enge Beziehung zwischen Eltern und Kind besteht darin, daß die Handlungen der Eltern sich direkt in der Gesundheit des Kindes widerspiegeln. In vielen, vorwiegend älteren Berichten wird lediglich von einer Beziehung zwischen Vater und Kind gesprochen, oder zumindest von einer engeren Beziehung zwischen Vater und Kind als zwischen Mutter und Kind. Karsten (1914/15) wies jedoch darauf hin, daß es sich hierbei um Fehlinterpretationen handeln muß.

Wie ich bereits unter Punkt 2. und folgende darzulegen versuchte, ist nicht nur der Vater, sondern auch die Mutter den Regeln der Couvade unterworfen. Die Überbetonung der Rolle des Mannes bei der Geburt ist ein Irrtum mit langer ethnologischer Tradition. Er reicht von den ersten Beschreibungen der Couvade, die, durch das Verhalten des Mannes irritiert (siehe dazu Punkt 2.2.2.), den Vater als den eigentlich verantwortlichen für die Einhaltung der Couvade schildern, bis zu den daraus entstandenen theoretischen Interpretationen der Couvade von Tylor und Frazer und deren Nachfolger (vergleiche Punkt 1.1.1.). Die von mir für diese Arbeit benutzten neueren Monographien über die Indianer Südamerikas (wie z. B. Fock 1963) belegen aber eine <u>gleiche</u> Verantwortlichkeit von Mutter und Vater für das Kind.

Die Verantwortlichkeit beider Eltern liegt gemäß den animistischen Vorstellungen der Indianer in der Abwehr der für die Seele des Kindes (und der Eltern) drohenden Gefahren.

> "The Indian personifies everything, he explains everything by his theory of evil spirits, and all precautions at birth aim at averting these personified dangers from the child and its parents." (Karsten 1914/15;10)

Die dem Animismus der Indianer zu Grunde liegende Vorstellung ist der Glaube an eine Anzahl geistiger Wesen, die sich mit den Angelegenheiten der Menschen befassen und diese positiv oder negativ beeinflussen können. (Park 1979:922). Diese Geister können, wie das Zitat von Karsten zeigt, überall zu suchen sein; vorwiegend findet man sie in Tieren und Pflanzen. Es gibt keine einheitliche indianische Theorie, welcher Baum z. B. mit welchem Geist verbunden ist, sondern die Anzahl und Varietät der Geister wird von Gruppe zu Gruppe, wenn nicht sogar von Individuum zu Individuum verschieden interpretiert. Die Aufgabe des Individuums ist es, durch eine positive Stimmung dieser Geister die Vermeidung von Schwierigkeiten zu erreichen. Dies kann im Kontext der Geburt durch die Befolgung der perinatalen Regeln gelingen. Die durch die Couvade vorgeschriebenen Regeln sind ein Mittel, den Geistern jede Möglichkeit zu nehmen, die Seele des Kindes anzugreifen. Die Mißachtung dieser Regeln kann dementsprechend gegenteilige Folgen haben. Fällt z. B. ein Indianer einen Baum, könnte der Geist dieses Baumes 'böse' gestimmt werden und die Seele des Kindes angreifen; essen die Eltern Tapirfleisch, könnte der verärgerte Geist des Tapirs dem Kind schaden; geht einer der Eltern auf Reisen, so könnte ihm die Seele des Kindes folgen und gefährdet werden, usw..

Die Varietät der perinatalen Verbote steht in direktem Zusammenhang mit der Varietät der Geister. Glaubt die eine Gruppe, daß z. B. der Tapir einen potentiell gefährlichen Geist besitzt, so kann eine andere Gruppe das von einem Aguti annehmen. So entspricht die individuelle Festlegung, welche perinatalen Regeln zu beachten sind, den partikularistischen Vorstellungen der Indianer über die Welt der Geister.

Die Bestimmung des Animismus als das ideologische Fundament der Couvade veranlaßt mich zu der Behauptung, daß alle Indianer im tropischen Tiefland Südamerikas, deren Glaubensvorstellungen als animistisch zu klassifizieren sind, auch Vorstellungen von irgendeiner Form der Couvade haben. Diese Argumentation wurde bereits in ähnlicher Weise von Karsten geführt:

> "The Couvade is formed upon ideas so deeply rooted in the Indian mind that we cannot doubt its having been familiar, in once form or another, to all South American races at a primitive stage of social evolution."
> (Karsten 1914/15: 4)

Die Indizien sprechen dafür, daß auch bei den Gruppen, die keine oder nur ein Minimum an Regeln beachten, durchaus eine Vorstellung von den Zusammenhängen zwischen Geburt und den Regeln der Couvade in ihrem Bewußtsein verankert ist. In einer Fußnote belegt Wagley diesen Sachverhalt z. B. für die Tapirapé:

> "... the 'couvade' is poorly observed by the Tapirapé men, though it does provide the basis for a joke. Whenever a man seems to be just idly resting in his hammock, a passing companion may ask him in jest, 'has your wife just had a baby?'" (1977:140)

Der Schutz der Seele des Kindes ist jedoch nicht der eigentliche Zweck, weshalb die Regeln der Couvade befolgt werden sollten.

> "Animistic creeds have in common an undertaking on the part of men to communicate with Supernatural beings, not about metaphysics or the dilemmas of the moral life but about urgent praticalities: about securing food, curing illness, and averting danger." (Park 1979:924)

Die religiösen Vorstellungen der Indianer entspringen dem verständlichen Wunsch, sich einen möglichst problemlosen Verlauf des Lebens zu sichern. So wie die Religion der Indianer nicht der Ursprung solcher Bedürfnisse, wie z. B. Hunger ist, so kann sie auch nicht für die Entstehung solcher Bedürfnisse wie Gesundheit und Sicherheit des Kindes, dem erklärten Ziel der die Couvade praktizierenden Menschen, verantwortlioch gemacht werden. Die Religion dient vielmehr als Mittler zwischen den

Bedürfnissen der Menschen und den realen Gegebenheiten. Das Bedürfnis der Eltern ist, ihr Kind möglichst störungsfrei aufzuziehen. Da dies in der Realität nicht ohne Einschränkungen möglich ist und immer wieder Komplikationen auftreten, versuchen die Indianer durch ein Nachdenken über die Ursachen solcher nicht beabsichtigter Realitäten, diese zu beeinflussen. Da die Indianer nicht über unsere wissenschaftliche Kenntnis von biologischen Vorgängen verfügen, liegt es nahe, diese Ursachen im metaphysischen Bereich zu suchen. Das animistische Konzept von allzeit und allerorts gegenwärtigen Geistern und der davon ausgehenden Gefahr für die Seele des Kindes ist der Versuch, die Unregelmäßigkeiten der biologischen Vorgänge der Geburt zu rationalisieren.

Die Indianer selbst begründen ihre Pflicht, die Vorschriften der Couvade zu beachten, nicht mit religiösen Motiven. Die Macusi (Farabee 1924:80) z. B. können weder angeben, wie die Couvade entstanden ist, noch wissen sie, wie sie funktioniert. Sie wissen lediglich, daß eine Mißachtung der perinatalen Regeln das physische Wohlergehen des Kindes beeinträchtigen könnte. Die Shipibo belegen den ganzen Komplex der Couvade in ihrer Sprache mit einem Begriff, den Karsten wie folgt übersetzt:

> "Tener cuidado con el bebé a fin de que no pueda ser dañado." (1955:162)

3.2. Der gefährdete Leib.

Im vorigen Kapitel wurde gezeigt, wie der indianischen Konzeption nach im perinatalen Zeitraum eine Gefährdung der Seele der Eltern, insbesondere aber der des Kindes besteht. Es wurde des weiteren darauf hingewiesen, daß der Schutz der Seele letztendlich einen Schutz der Gesundheit von Eltern und Kind garantieren soll.
In diesem und im folgenden Kapitel (3.3. und folgende) soll, aufbauend auf das vorangegangene, gezeigt werden, welche im perinatalen Zeitraum stattfindenden Ereignisse von den Indianern auf eine Übertretung der Vorschriften der Couvade zurückgeführt werden. Diese Ereignisse lassen sich in drei Gruppen einteilen.
Die erste Gruppe bilden die Konsequenzen, die bei einer Übertretung der Regeln für die Eltern und das Kind bestehen. Sie werden in diesem Kapitel behandelt.
Die zweite Gruppe bilden die Konsequenzen, die bei einer Übertretung der Regeln für die geschlechtliche und anzahlmäßige Zusammensetzung der Famile bestehen. Diese werden im nächsten Kapitel (Punkt 3.3. und folgende) behandelt.
Eine dritte Gruppe bilden die Konsequenzen, die bei einer Übertretung der Regeln für Objekte der Umwelt bestehen. Hierzu gehört z. B. die Ansicht der Tucuna (Nimuendajú 1952:46), daß Tonerde für eine Verarbeitung nutzlos wird, wenn sich ihr eine schwangere Frau nähert. Da solche Regeln äußerst selten dokumentiert sind, ist eine eingehende Untersuchung hier nicht möglich und ich muß es bei diesem Verweis auf ihre Existenz belassen.
Alle im Folgenden aufgeführten Konsequenzen <u>können</u> der indianischen Konzeption nach eintreten, müssen es aber nicht. Hierbei ist es nicht relevant, wer die Regeln übertritt und welche Regeln übertreten werden. Wichtig ist nur, welche Konsequenzen der emischen Konzeption der Indianer nach bestehen, um von daher später (unter Punkt 3.2.1.) auf ihre real existierende Basis schließen zu können.
Anders ausgedrückt, befaßt sich dieses Kapitel mit den <u>mani-</u>

festen Funktionen der Couvade, d. h. mit den Effekten, die die Indianer einer Nichtbeachtung der Regeln der Couvade zuschreiben.
Es gibt nur einige spärliche Hinweise darauf, daß eine Übertretung der Vorschriften der Couvade für den Vater negative Konsequenzen haben würde. Hierzu gehört z. B. die Ansicht der Waiwai (Fock 1963:139), daß Nausea (Übelkeit) und Erbrechen des Vaters bei einer bevorstehenden oder bereits erfolgten Geburt auf eine Verletzung der perinatalen Gebote zurückzuführen ist. Bei den Quijo (Oberem 1971:195) sollte der Vater bei der Geburt seines Kindes ein bestimmtes Getränk zu sich nehmen. Tut er dies nicht, so läuft er Gefahr, seine Haare zu verlieren oder die Kraft seiner Lungen so zu schwächen, daß er nicht mehr mit dem Blasrohr schießen kann. Im Allgemeinen ist aber der Vater von den bei der Geburt eines Kindes drohenden Gefahren am wenigsten betroffen.
Die einer Mutter bei einer Nichtbeachtung der Regeln drohenden Konsequenzen sind zahlreicher und reichen von relativ harmlosen bis zu solch drastischen wie dem Tod.
Eine der relativ harmlosen Konsequenzen ist die psychische Instabilität. Ein solcher Fall ist von den Cubeo (Goldman 1963:168) überliefert, wo eine Mutter in furchtbare Wut geraten kann. Der gleichfalls bei den Cubeo (Goldman 1963: 166) geschilderte Fall, daß einer Mutter pränatal der Bauch platzen kann, läßt auf Komplikationen, welcher Art auch immer, in der Schwangerschaft schließen. Auf die Furcht vor postnatalen Komplikationen allgemeiner Art deuten die Schwellungen des Abdomens hin, die von den Cashinawa (Métraux 1948:675/6) genannt werden. Die Jivaro (Harner 1972:84) geben an, daß eine Mißachtung der perinatalen Verbote in einer langen Zeit der Bettlägerigkeit der Mutter resultiert. Die Gefahr einer unzureichenden Quantität Muttermilch versuchen die Tschama (Tessmann 1928:213) durch das Trinken eines Absudes einer bestimmten Pflanze zu umgehen.
Die Folgen, die Mutter und Kind beim aktuellen Zeitpunkt der Geburt drohen, werden wie folgt überliefert: Die Sirionó (Holmberg 1969:173) befürchten eine Frühgeburt. Eine ver-

zögerte Geburt geben die Cashibo (Frank 1982) und eine verzögerte Geburt mit Tod der Mutter die Sirionó (Holmberg 1969:173) als Konsequenz der Übertretung perinataler Vorschriften an. Die Waiwai (Fock 1963:140) nennen allgemein den Tod der Mutter als Konsequenz. Eine Fehlgeburt wird von den Sirionó (Holmberg 1969:173) und den Surára und Pakidai (Becher 1960:62) auf ein Nichteinhalten der Couvade zurückgeführt.

Die größte Anzahl der als Folge einer Nichtbeachtung perinataler Gebote drohenden Konsequenzen werden von den indianischen Gruppen als für das Kind bestehend angegeben.

Als allgemeine Folgen werden solche wie 'das Kind schreit viel', 'das Kind ist ängstlich' oder 'das Kind schläft nachts nicht' z. B. von den Sirionó (Holmberg (1969:173) oder Surára und Pakidai (Becher 1960:62) genannt. Andere allgemeine Angaben beziehen sich auf das Wachstum des Kindes. So befürchten die Cashibo (Frank 1982) und die Cubeo (Goldman 1963:170), daß ihr Kind dünn oder die Kariben (Brett 1868: 355), daß ihr Kind mager bleibt. Die Taulipáng (Koch-Grünberg 1923:135) führen mentale Krankheiten des Kindes auf die Nichteinhaltung der Couvade zurück.

Mißbildungen und körperliche Formen, die nicht dem Schönheitsideal der Indianer entsprechen, werden auch als aus der Übertretung der perinatalen Regeln resultierend angesehen. Die Cubeo (Goldman 1963:168) führen hier die Hasenscharte an. Ein vorstehendes Gebiß befürchten die Kariben (Brett 1969:355) und die Macusi (Im Thurn 1883:218). Ein Kind mit langem Kopf wird von den Sirionó (Holmberg 1969:173) als Konsequenz in obigem Sinne genannt, wie auch, daß das Kind Haare verliert (Holmberg 1969:180). Die Tucuna (Nimuendajú 1952:69) befürchten die Geburt eines Kindes mit krummem Rücken und die Sirionó (Holmberg 1969:173) eines mit einem Klumpfuß. Die Maroni River Kariben (Kloos 1971:98), Macusi (Im Thurn 1883:218) und die Quijo (Oberem 1958:233) glauben, daß die Einhaltung der perinatalen Regeln die Geburt von Kindern mit 'gefleckter' oder 'schmutziger' Haut verhindern kann.

Auch wenn dem Kind ein Unfall widerfährt, wird dies von den Indianern auf die Mißachtung irgendeiner perinatalen Vorschrift zurückgeführt. So glauben die Cubeo (Goldman 1948: 787), daß das Stolpern eines Kindes, oder wenn es von der Mutter fallengelassen wird, eine Konsequenz in diesem Sinne ist. Erstickt ein Kind an den Gräten eines Fisches, so führen die Cubeo (Goldman 1963:168) dieses Ereignis auf die gleiche Ursache zurück. Kopfverletzungen sehen die Cubeo (Goldman 1963:171) und die Taulipáng (Koch-Grünberg 1923: 136), Fußverletzungen die Cubeo (Goldman 1963:168) als Folge der nicht praktizierten Couvade an. Werden die Regeln nicht eingehalten, so halten es sowohl die Cubeo (Goldman 1948:787) als auch die Taulipáng (Koch-Grünberg 1923:134) für möglich, daß das Kind den Gefahren des Flußes erliegt. Aber auch vor Attacken des Jaguars kann man sich nach Auffassung der Cubeo (Goldman 1948:787; Goldman 1963:168) durch die perinatalen Vorschriften schützen.
Alle bei und nach der Geburt auftretenden Krankheiten werden von den Indianern ebenfalls auf die Verletzung perinataler Gebote zurückgeführt.
In diesem Zusammenhang nennen die Cashinawa (Metraux 1948: 675/6) z. B. das Fieber. Die Formulierung der Cubeo (Goldmann 1963:168), daß das Kind innerlich verbrenne, läßt vermutlich auch auf Fieber schließen. Schwierigkeiten bei der Atmung und Tuberkulose (Schwindsucht) werden von den Taulipáng angeführt (Koch-Grünberg 1923:137). Augenkrankheit wie Schielen, Blindheit oder ganz allgemein eine Beeinträchtigung des Sehvermögens nennen z. B. die Cashibo (Frank 1982), Kariben (Brett 1868:355), Quijo (Oberem 1971:195) und die Surára und Pakidai (Becher 1960:62). Die Cubeo (Goldman 1963: 171) und die Taulipáng (Koch-Grünberg 1923:137) führen in diesem Zusammenhang eine Nabelinfektion an. Die Maroni River Kariben (Kloos 1971:98) sprechen ganz allgemein von einem 'gequollenen' Bauch, was auch auf eine Nabelinfektion schließen läßt. Geschwüre auf der Haut werden von den Kariben (Brett 1868:355), Quaddeln auf der Haut von den Omagua (Girard 1958:20) und wunde Stellen am ganzen Körper von den Si-

rionó (Holmberg 1969:173,180) auf die Verletzung perinataler Vorschriften zurückgeführt. Die Symptome der Rachitis (auf die auch bereits die oben erwähnte Furcht der Tucuna vor einer Krümmung des Rückens hinweist) werden von den Omagua (Girard 1958:20) genannt. Die Konsequenz einer Diarrhoe wird von den Cashibo (Frank 1982), Cubeo (Goldman 1963:171) und Sirionó (Holmberg 1969:180) angeführt.
Die Anurie (Fehlen der Harnabsonderung) führen die Cubeo (Goldman 1963:171), Taulipáng (Koch-Grünberg 1923:137) und Waiwai (Fock 1963:143) auf die Nichteinhaltung der Couvade zurück.
Mehrere Gruppen, wie z. B. die Cubeo (Goldman 1963:168), Kariben (Brett 1868:355), Taulipáng (Koch-Grünberg 1923:137) und Witoto (Preuss 1921:164) nennen ausdrücklich den Tod als eine Konsequenz der Übertretung perinataler Regeln.
Es muß hier noch einmal darauf hingewiesen werden, daß eine Mißachtung irgendwelcher perinataler Regeln nicht automatisch eine der oben genannten Konsequenzen mit sich führt. Eine mechanistische Zuordnung der Art wie, 'der Übertretung eines Gebotes folgt eine Krankheit', wird von den Indianern nicht vorgenommen, sondern es handelt sich nur um eine mögliche Konsequenz. Die hier aufgelisteten Konsequenzen erheben keinen Auspruch auf Vollständigkeit. Sie geben lediglich einen Überblick und sind bis zu einem gewissen Maße repräsentativ für ganz Amazonien.

3.2.1. Gesundheit und Krankheit im perinatalen Zeitraum.

Unter Punkt 3.2. wurden die Vorstellungen der Indianer dargestellt, welche Konsequenzen den Eltern und dem Kind bei der Verletzung perinataler Vorschriften drohen können. Alle diese Konsequenzen sind als eine Abweichung von einem als 'normal' angesehenen Ablauf der perinatalen Ereignisse zu interpretieren. Ein 'normaler' Ablauf der perinatalen Ereignisse ist durch das Ausbleiben der oben angeführten Konsequenzen definiert. Da sich der größte Teil dieser Konsequenzen auf die physische Konstitution der Betroffenen bezieht,

kann man einen normalen Verlauf der perinatalen Phase als 'Gesundheit', und einen gestörten Ablauf als 'Krankheit' bezeichnen.
In diesem Unterkapitel soll untersucht werden, auf welcher realen Basis die von den einzelnen Gruppen genannten Konsequenzen beruhen. D. h., die emischen Konzepte der Indianer werden an den als 'objektiv' anzusehenden Bedingungen getestet. Die hier zu Grunde liegende Frage ist, inwieweit sich die von den Indianern als Konsequenz der Übertretung perinataler Vorschriften angesehenen Folgen mit unserem Wissen von perinatalen Ereignissen und deren Störungen decken.
Die für den Vater beschriebenen Konsequenzen bilden den bei weitem geringsten Teil aller geschilderten. Nausea und Erbrechen kann zu jeder Zeit auftreten und steht, soweit es den Vater betrifft, wohl kaum in einem direkten Zusammenhang mit der Geburt. Die anderen Konsequenzen, die uns als für den Vater bestehend geschildert werden, liegen nicht im physiologischen Bereich. Der Verlust der für das Blasrohrschießen benötigten Lungenkraft ist mehr eine im sozialen und ökonomischen Bereich drohende Folge, als im medizinischen: Kann ein Mann nicht mehr als Jäger gelten, verliert er einen wesentlichen Teil seiner ökonomischen und damit auch seiner sozialen Bedeutung. Es bleibt festzustellen, daß für den Mann kaum Konsequenzen drohen. Da der Mann bei der Geburt seines Kindes physiologisch nicht besonders gefährdet ist, entspricht die Vorstellung der Indianer, daß ihm kaum Konsequenzen drohen, letztlich den realen Gegebenheiten.
Im Gegensatz dazu sind die der Mutter drohenden Konsequenzen wesentlich zahlreicher.
Die oben angeführte psychologische Instabilität entspricht ihrer physiologischen Instabilität im perinatalen Zeitraum. Viele Gründe, wie z. B. die Sorge um das Kind, ließen sich anführen, daß diese von den Indianern angeführte Konsequenz ihre Entsprechung in der Realität hat. Ähnlich verhält es sich mit den nicht näher definierten prä- und postnatalen Komplikationen. Zu belegen, daß die Furcht vor ihnen real

ist, ist müßig.
Eine ausreichende Quantität der Muttermilch ist nicht immer gewährleistet. In einer Studie über die Shuar weisen Kroeger und Ilecková (1976:13/14) darauf hin, daß die Shuar selbst einige Todesfälle von Kleinkindern auf das Fehlen von Muttermilch zurückführen. Einige Studien der letzten Zeit (z. B. Rosengarten 1982) haben gezeigt, daß es offensichtlich Pflanzen gibt, die die Menge der Muttermilch beeinflussen können. Es gibt keinen Grund anzunehmen, daß den Indianern Amazoniens solche Pflanzen nicht bekannt sein sollten. Wenn es sich auch ohne eine wissenschaftliche Untersuchung der benutzen Pflanzen letztlich nicht beweisen läßt, kann man doch hier unter Vorbehalt behaupten, daß der Glauben der Indianer, die Menge der Muttermilch durch das Trinken des Absudes einer bestimmten Pflanze beeinflußen zu können, einer realen Gegebenheit entspricht.
Eine statistische Angabe über die Häufigkeit von Früh- und Fehlgeburten bei den Gruppen Amazoniens ist mir nicht bekannt. Trotzdem scheint mir die Furcht vor ihnen berechtigt, da die Oberlebenschancen einer Frühgeburt in Amazonien noch geringer ist als die 'normaler' Kinder.

> "... Lebensschwäche ... findet sich naturgemäß viel häufiger bei Frühgeburten. Wir verstehen unter Lebensschwäche die funktionelle (und auch anatomische) Rückständigkeit der Entwicklung, infolge deren das neugeborene Kind unter den Bedingungen, unter welchen lebenskräftige Kinder regelrecht gedeihen, ... nicht imstande ist, sich extrauterin zu erhalten und zu entwickeln." (Bessau 1942:83)

Da in Amazonien fast keine Chancen bestehen dürften, eine Frühgeburt aufzuziehen, kann man sie in gewissen Maße mit Fehlgeburten gleichsetzen: Beide bedeuten einen Mißerfolg in der Reproduktion. Die Angst der Indianer vor Früh- und Fehlgeburten ist also begründet.
Verzögerte Geburten können u. a. durch Fehllagen des Kindes entstehen. Koch-Grünberg belegt deren Vorkommen bei den Taulipang:

> "Schwere Geburten, insbesondere Komplikationen durch

Querlage des Kindes, scheinen, wie mir auch versichert wurde, nicht selten zu sein. Darauf weisen schon die verschiedenen Zaubersprüche hin, die sich mit solchen Fällen beschäftigen ..." (1923:135)

Das solche Geburten immer eine Erschwernis bedeuten, muß man auch die Furcht der Indianer vor ihnen als gerechtfertigt ansehen.

In einer Untersuchung des Todesursache der Yanoama Indianer gibt Chagnon (1971:169) an, daß von 102 gestorbenen Frauen drei im Kindbett starben, was einer Quote von 2,9 Prozent entspricht. Wenn man auch diese Quote nicht auf das gesamte Amazonasgebiet übertragen darf, so weist sie doch daraufhin, daß, obwohl indianische Frauen in der Regel leicht gebären, der Tod im Kindbett nicht unbekannt ist und eine nicht unbedeutende Rolle bei den Todesursachen erwachsener Frauen spielt. Die Nennung des Todes im Kindbett als Konsequenz der Übertretung perinataler Gebote beruht also auf einer real existierenden Bedrohung.

Zusammenfassend läßt sich feststellen, daß alle den Müttern drohenden Konsequenzen nicht willkürlich von den Indianern genannt werden, sondern in der Tat eine Gefahr für die Mütter bilden. Es bleibt zu untersuchen, ob sich für die für das Kind genannten Konsequenzen das gleiche behaupten läßt. Als erste der für das Kind genannten Konsequenz wurde oben Weinerlichkeit und Ängstlichkeit des Kindes angeführt. Lidz führt in diesem Zumsammenhang aus:

"Die einen sind selbstzufrieden und friedlich und schlafen meist, andere sind sehr empfindlich, reagieren auf jeden Reiz und sind nur schwer zufriedenzustellen." (1974:151)

Lidz führt die Unterschiede im Verhalten der Säuglinge darauf zurück, daß sich die Dauer der Schwangerschaft nicht mit dem Grad der Reifung deckt, sondern es erhebliche 'aktuelle Altersunterschiede' gibt. In diesem Fall wäre ein solches Verhalten durchaus als 'gesund' zu bezeichnen und in keiner Weise als Krankheit zu deuten. Eine andere Interpretation ist aber auch möglich: Säuglinge drücken subjektives

Unwohlsein durch Weinen und Schreien aus. Ursache eines Subjektiven Unwohlseins kann aber eine objektiv vorhandene Krankheit sein. Auch in diesem Fall kann also eine real vorhandene Gefahr als Grundlage für die Elaborierung irgendwelcher perinataler Regeln anzusehen sein.
Der Wunsch keine 'dünnen' oder 'mageren' Kinder zu haben entspricht dem Bedürfnis, eine gesunde Entwicklung des Kindes gewährleisten zu können. Magerkeit des Kindes läßt in der Regel auf Unterernährung oder Krankheit des Kindes schliessen.
Die erwähnten mentalen Defekte scheinen -aus Gründen, die noch unter Punkt 3.3.1. behandelt werden- nur selten vorzukommen. Sie sind sehr wohl bekannt und die Angst vor ihnen ist daher auch begründet.

> "Bei sechs Prozent aller Säuglinge findet man irgendeinen, in der Regel relativ unbedeutenden Defekt." (Lidz 1974:151)

An körperlichen Defekten führen die Indianer Hasenscharte, Gebißanomalien, Klumpfuß oder irgendwelche andere körperlichen Defekten an. Geht man davon aus, daß die von Lidz genannten sechs Prozent auch auf den Bereich des Amazonasgebietes übertragbar sind, so kann auch die Nennung dieser Konsequenz als auf einer realen Grundlage beruhend angeführt werden.
An zu befürchtenden Unfällen werden von den Indianern die unterschiedlichsten genannt. Kroeger und Ilecková führen in ihrer Studie über die Shuar dazu aus:

> "Los mayores de edad murieron especialmente de accidentes y algunos de sarampión." (1976:16)

Wenn man die Masern, auf die wir unten noch zurückkommen, einmal außer Acht läßt, zeigt dieses Zitat sehr eindringlich, welche Gefahr von den immer wieder passierenden Unfällen ausgeht. Es ist daher nicht verwunderlich, wenn auch sie durch die Regeln der Couvade 'beherrscht' werden sollen. Neben den oben angeführten körperlichen und mentalen Defekten sind auch Unfälle letztlich als Krankheit im Sinne einer Beeinträchtigung der physichen Konstitution anzusehen.
Die größte Gruppe der von den Indianern als Konsequenz der

Mißachtung perinataler Regeln genannten Folgen bilden die Krankheiten. Bei dieser Aufzählung wurde eine Unterscheidung nicht getroffen, die sich bei der jetzigen Besprechung als notwendig erweist: die zwischen Krankheiten und Symptomen. So ist z. B. Fieber keine Krankheit sondern ein Symptom einer Krankheit. Fieber ist, wie eine Anzahl anderer Symptome auch, kein krankheitsspezisches Symptom, sondern kann einer Reihe von Krankheiten zugeordnet werden. Ein Rückschluß auf die in Amazonien herrschenden perinatalen Krankheiten ist aus den in der Literatur genannten Symptomen nicht möglich.
Kroeger und Ilecková (1976:13/14) veröffentlichten eine Statistik über die Mortalitätsrate von Kindern und Erwachsenen bei den Shuar. Von 573 Verstorbenen starben 545 (95,1 Prozent) in einem Alter von weniger als fünfzehn Jahren. Von diesen 545 Kindern starben 230 (42,2 Prozent) in einem Alter von bis zu einem Jahr.
In einer Tabelle werden die Todesursachen dieser 230 Kleinkinder von Kroeger und Ilecková wie folgt aufgeschlüsselt:

1. Bronchitis, Grippe	64	Fälle	27,8%	(28,0)
2. Syndrome und mangelhaft definierte Ursachen	46	"	20,0%	(20,0)
3. Keuchhusten	26	"	11,3%	(11,3)
4. Diarrhoe, Parasiten im Verdauungstrakt	21	"	9,1%	(9,1)
5. Tod des Neugeborenen	12	"	5,2%	(5,2)
6. Krankheiten mit Fieber	11	"	4,8%	(5,0)
7. Masern	9	"	3,9%	(3,9)
8. Fehlende Muttermilch	7	"	3,0%	(3,0)
9. Von Kroeger und Ilecková nicht angeführt	34	"	14,8%	
	230		99,9%	(85,5)

(Die in den Klammern angegebenen Zahlen sind die von Kroeger und Ilecková errechneten Prozentzahlen. Ich konnte keinen Grund für die Differenzen zwischen diesen und den von mir errechneten Zahlen finden. Die von mir hier unter Punkt 9 angegebe Zahl wird in der Tabelle von Kroeger und Ilecková

nicht berücksichtigt.)
In einer weiteren Statistik, die die Todesursache von 62 Kindern der Shuar in einem Alter von unter einem Jahr im Jahre 1971 untersucht, führen Kroeger und Ilecková folgende Zahlen an: Bronchitis und Grippe 19 Fälle (30,6 Prozent), Diarrhoe, Parasiten im Verdauungstrakt 12 Fälle (19,4 Prozent), Keuchhusten 8 Fälle (12,9 Prozent), Tod des Neugeborenen 8 Fälle (12,9 Prozent), Masern 7 Fälle (11,3 Prozent) und Tetanus 4 Fälle (6,5 Prozent).
Bei einer Aufschlüßelung der in diesen beiden Statistiken angeführten Todesursachen in Krankheiten und Symptome lassen sich folgende Krankheiten feststellen: Bronchitis, Keuchhusten, Parasiten im Verdauungstrakt, Masern und Tetanus. Es fällt hierbei auf, daß alle diese Krankheiten, wie auch die bereits erwähnten Tuberkulose und Nabelinfektion, Infektionskrankheiten sind. Lediglich bei dem als Todesursache angegebenen Fehlen der Muttermilch kann man auf eine andere Klasse schließen, in die sich auch die bereits oben erwähnte Rachitis fassen läßt: Defizite in der Ernährung.
Die Existenz von Infektionskrankheiten mit Todesfolge ist in Amazonien vielfach belegt. Ferrero (1967:150) nennt z. B. als Krankheiten mit tödlichem Verlauf bei den Machiguenga Kindern Keuchhusten, Masern und Windpocken. Smole (1976:73) beobachtete bei den Yanoama den Tod eines dreiwöchigen Kindes infolge Pneumonie.
Die besondere Anfälligkeit der Indianer und insbesondere der Kleinkinder für gewisse Infektionskrankheiten ist in der medizinischen Literatur belegt:

> "Die Infektion mit Mycobacterium tuberculosis ist nur eine (allerdings unerläßliche) Vorbedingung für eine tuberkulöse Erkrankung. Ob aus der Infektion eine Krankheit wird, hängt von zahlreichen Faktoren ab. Die unspezifische, natürliche Resistenz ist im Säuglingsalter äußerst gering im Vergleich zum Schulalter; sie ist bei einigen Rassen (Indianer, Neger) deutlich schwächer ausgebildet als bei anderen."
> (Hansen 1968:199)

> "Häufig sind Nabelinfektionen der Ausgangspunkt schwerer Allgemeininfektionen." (Schröter 1968:50)

Die meisten der in der Aufzählung der Konsequenzen der Übertretung perinataler Gebote genannten Symptome können als Symptome von Infektionskrankheiten oder Ernährungsdefiziten gewertet werden. Somit lassen sich die für das Kind bestehenden realen Bedrohungen in vier Gruppen fassen:

1. angeborene Defekte
2. Unfälle
3. Infektionskrankheiten
4. Ernährungsdefizite.

3.3. Idealfamilie und Infantizid.

Bei der Darstellung der Couvade wurde bereits mehrfach darauf hingewiesen, daß auch die Größe und die geschlechtliche Zusammensetzung der Familie einen Einfluß auf die Intensität der Beachtung der perinatalen Regeln ausüben, und umgekehrt die Nichtbeachtung der Couvade sich auf Anzahl und Geschlecht der Kinder auswirkt. Dabei konnte nachgewiesen werden, daß die Vorschriften der Couvade strikter eingehalten werden, wenn es sich um eine Erstgeburt handelt, wenn sich die Eltern weitere Kinder wünschen, wenn wenige Kinder vorhanden sind und wenn es sich um männliche Nachkommen handelt. Auch die postnatalen Geschlechtsverkehrverbote üben einen direkten Einfluß auf die Größe der Familie und die Intervalle zwischen den Geburten aus. Alle diese Punkte weisen deutlich daraufhin, daß die Gruppen Amazoniens eine Vorstellung von der Größe und geschlechtlichen Zusammensetzung einer idealen Familie haben müssem.
Im Allgemeinen sind Kinder bei den Indianern sehr willkommen und erwünscht. Dies zeigt sich schon in der Tasache der Existenz der Couvade, die ja den Schutz und eine gesunde Entwicklung der Kinder sichern soll. Neben vielen anderen Funktionen, wie z. B. der Sicherung des Fortbestehens einer Gruppe, wird die Geburt eines Kindes von den Indianern auch als Erfüllung einer ehelichen Verbindung angesehen. So berichtet z. B. Im Thurn (1883:222), daß bei einem verheirateten Paar der Macusi eine legale Scheidung so gut wie nicht mehr vorkommt, wenn dieses Kinder hat. Andererseits informiert uns Koch-Grünberg (1923:96), daß bei den Taulipang ein Mann seine Frau verstoßen kann, wenn diese ihm keine Kinder gebiert. Um den erwünschten Kindersegen positiv zu beeinflußen, benutzen die Indianer verschiedene Mittel, die sich in symbolische und magische einteilen lassen.

> "The Caribs maintain that they can influence conception. Positive measures, though not often necessary , are of symbolic nature. A woman may eat a certain spider, which produces many young. Or she may eat the hand-like paw of

an opossum [Familie Didelphidae], a highly fertile animal that walks around with its young on its back." (Kloos 1971:100/101)

Ein magisches Mittel gegen Unfruchtbarkeit ist z. B. von den Taulipang überliefert, die zu diesem Zweck über ein bestimmtes Getränk blasen und einen Zauberspruch aussprechen, bevor sie es einer Frau, die sich Kinder wünscht, zu trinken geben (Koch-Grünberg 1923:132).

Eine einheitliche Vorstellung, wieviele Kinder eine Familie haben sollte, ist in Amazonien nicht feststellbar. Die aktuellen Größen der Familien variieren von Gruppe zu Gruppe und innerhalb der Gruppen selbst. Bei den Surara und Pakidai hat keine Frau nach einer Beobachtung Bechers (1960:62) mehr als drei Kinder. Diese Tatsache führt Becher mehr auf die hohe Kindersterblichkeit zurück, als auf den Umstand, daß bei den Surara und Pakidai zwischen den Geburten drei Jahre vergehen sollten. Fejos (1943:70) erwähnt, daß eine Durchschnittsfamilie der Yagua drei bis sechs Kinder hat. Auch er weist auf die hohe Kindersterblickheit hin. Nach einer Mitteilung von Fock (1963:141) scheinen sich die Waiwai vier Kinder von jedem Geschlecht zu wünschen. Die hohe Kindersterblichkeit rückt dieses Ideal in die Nähe der Unmöglichkeit.

Die Intervalle zwischen den Geburten stehen in einem direkten Zusammenhang mit den postnatalen Geschlechtsverkehrverboten. Hier handelt es sich um einen Versuch, die Größe einer Familie zu kontrollieren. Wie bei der Darstellung der das Sexualverhalten betreffenden Regeln festgestellt wurde, beträgt die Dauer dieser Verbote in den meisten Fällen anderthalb Jahre. Bei einigen Gruppen wird die Dauer jedoch auf bis zu drei Jahren ausgedehnt. Bei den Pirá-Paraná sollte die ideale Geburtenfolge in Intervallen von drei Jahren ablaufen (C.Hugh-Jones 1979:125). C.Hugh-Jones führt weiter aus, daß eine engere Geburtenfolge von den Pirá-Paraná negativ gewertet wird. Die Autorin verweist darauf, daß bei einem kürzeren Intervall ein direkter Schaden für das Kind entsteht, der in dem Entzug der Milch und der Aufmerksamkeit der Mutter begründet ist.

Wie schon erwähnt gibt es nicht nur eine indianische Konzeption von der Größe einer Familie, sondern auch von deren geschlechtlicher Zusammensetzung. Einige Gruppen, wie z. B. die Yagua, negieren angeblich, daß eine Präferenz für irgendein Geschelcht besteht (Fejos 1943:70). Fejos weist aber auch darauf hin, daß die Väter bei den Yagua bei der Geburt eines Sohnes mehr Freude zeigen, als bei der Geburt einer Tochter. Auch die Tucuna Väter bevorzugen Söhne (Nimuendajú 1952:69). Ob auch die Mütter in diesen Gruppen ein bestimmtes Geschlecht ihrer Kinder bevorzugen, ist nicht dokumentiert. Eine Reihe von Indizien sprechen aber dafür, daß bei vielen Gruppen Amazoniens eine generelle Präferenz männlicher Nachkommen besteht. Darauf läßt z. B. die bereits erwähnte striktere Beachtung der Couvade bei der Geburt eines Sohnes schließen. Weitere Anhaltspunkte werden bei der Diskussion des Infantizides (Punkt 2.3.1.) geliefert werden. Eine Bevorzugung von weiblichen Nachkommen ist mir in Amazonien nicht bekannt.

Manche Gruppen scheinen eine gleiche Anzahl Kinder beiderlei Geschlechts als Ideal anzustreben. Dies wurde bereits für die Waiwai oben angeführt.

Auch bei den Jivaro (Harner 1972:83) scheint keine klare Präferenz für ein Geschlecht zu bestehen, obwohl sie sich als erstes Kind einen Jungen wünschen. Das zweite Kind sollte dann aber ein Mädchen sein. Die Taulipáng (Koch-Grünberg 1923:132) versuchen unter Anwendung magischer Mittel entweder Geburten von nur männlichen Nachkommen oder Mädchen und Jungen gemischt herbeizuführen (, jedoch nicht die Geburt von Mädchen allein).

An die Wirksamkeit magischer Mittel zur Kontrolle der geschlechtlichen Zusammensetzung der Familie darf aus wissenschaftlicher Sicht ebenso gezweifelt werden, wie an der Wirksamkeit der bereits oben erwähnten symbolischen und magischen Mittel zur Beeinflußung der Größe einer Familie. In gleicher Weise darf an die Wirksamkeit magischer Kontrazeptiva, wie sie z. B. bei den Trio (Riviere 1969:166) erwähnt werden, gezweifelt werden. Es gibt jedoch Hinweise darauf, daß einigen Gruppen Südamerikas wirksame pflanzliche Kontrazeptiva bekannt sind. In Paraguay z. B. wird von den Frauen ein Extrakt der Pflanze Stevia Rebaudiana genommen, von der heute nachgewiesen ist, daß sie die Fruchtbarkeit von Ratten beeinflußt (Draper 1979:1068). (Vergleiche dazu auch: Johns et al. 1982.)

Ein effektives Mittel um die Größe einer Familie zu kontrollieren ist der Abort. Die den Indianern bekannten Methoden lassen sich in drei Gruppen einteilen:

1. Die Herbeiführung des Abortes auf magischem Wege.

Einen solchen Fall berichtet z. B. Koch-Grünberg (1923:132) von den Taulipáng. Koch-Grünberg erwähnt aber auch, daß diese Mittel selten von verheirateten Frauen angewandt werden, die sich fast ausnahmslos Kinder wünschen. Die Wirksamkeit magischer Abortiva ist in gleicher Weise zweifelhaft wie die der oben erwähnten magischen Kontrazeptiva.

2. Die Herbeiführung des Abortes mit pflanzlichen Mitteln.

Die Kenntnis pflanzlicher Abortiva ist z. B. von den Jivaro (Steward & Métraux 1948:623) überliefert. Gillin (1948:851) berichtet, daß auch die Guiana Indianer pflanzliche Abortiva kennen, die jedoch wissenschaftlich nicht identifiziert sind. Über die Wirksamkeit pflanzlicher Abortiva in Amazonien lassen sich letztlich nur Vermutungen anstellen, bis eine eindeutige Identifizierung und chemische Untersuchung der entsprechenden Pflanzen vorgenommen ist.

3. Die Herbeiführung des Abortes auf mechanische Weise.

Methoden dieser Art werden z. B. von den Guiana Indianern (Gillin 1948:851) oder den Trio (Rivière 1969:166) überliefert. Vermutlich kennt der größte Teil der Gruppen Amazoniens mechanische Mittel zur Herbeiführung eines Abortes.

Diese Aufzählung der Methoden des Abortes soll nicht zu der Annahme verleiten, daß sie von den Indianern bei allen sich bietenden Gelegenheiten angewandt werden. Es scheint vielmehr in Amazonien eine Tendenz zu bestehen, einen Abort nur dann vorzunehmen, wenn dies unerläßlich erscheint. Nimuendajú (1952:68) verweist z. B. ausdrücklich darauf, daß die Tucuna einen Abort nur äußerst ungern vornehmen. Bei den

Taulipáng (Koch-Grünberg 1923:132) wird er, wie schon gehört, von verheirateten Frauen so gut wie gar nicht praktiziert. Diese mehr ablehnende Haltung erklärt sich meines Erachtens aus den mit dem Abort verbundenen für die Frau bestehenden lebensbedrohenden Gefahren.

3.3.1. Der Infantizid.

Ein weiteres effektives Mittel die Größe einer Familie zu kontrollieren ist neben dem Abort der Infantizid.
Die Recherchierungen über die Ausübung des Infantizides gestalten sich offenbar schwierig:

> "Women ... acknowledge that others of their sex practise infanticide." (Goldman 1963:166)

Die Frauen der Cubeo geben, wie Goldmans Information zeigt, zu, daß einige den Infantizid praktizieren, sie geben aber nicht zu, daß sie selber zu diesen Frauen gehören. Statistische Angaben über das Ausmaß des Infantizides in Amazonien sind mir nicht bekannt. Die meisten Autoren sind jedoch der Meinung, daß er selten vorkommt. Wird er trotzdem praktiziert, so werden dafür eine Reihe von Gründen angegeben.

1. Von den Pirá-Paraná (C.Hugh-Jones 1979:126) und den Cubeo (Goldman 1963:166) wird berichtet, daß nicht gewollte Kinder direkt am Ort der Geburt begraben werden.
2. Ein anderer Grund ist die fehlende Legitimität des Kindes. So informiert uns Nimuendajú über die Tucuna:

> "Abortion and infanticide are practised especially when the father is a Neo-Brazilian, as the child would be disqualified for sib and moiety membership." (1948:717)

Die Tucuna erachten die Praxis des Infantizides aber als eine 'Sünde'. Ledige Jivaro Frauen (Harner 1972:85) töten ihre Kinder, wenn sie keine Möglichkeit sehen, den Vater zu heiraten und das Kind so zu legitimieren. Ähnliches wird auch von den Pirá-Paraná (C.Hugh-Jones 1979:126) berichtet.
3. Auch die geschlechtliche Zusammensetzung der Familie kann durch den Infantizid kontrolliert werden. Die Pirá-Paraná (C.Hugh-Jones 1979:126) töten ein Kind, wenn es in einer Se-

rie Kinder gleichen Geschlechts geboren wurde. Die Waiwai (Fock 1963:141) töten das letzte Kind in einer Reihe von fünf Jungen oder Mädchen hintereinander. Eine Cubeo Frau (Goldman 1963:166) kann ein Kind töten, wenn sie ihren Mann nicht liebt und ihn dadurch bestrafen will. Männliche Kinder sind jedoch bei den Cubeo vom Infantizid nicht betroffen. Über die Bevorzugung männlicher Nachkommen und des aus diesem Grunde praktizierten Infantizides an weiblichen Kindern bei den Yanoama informiert uns Chagnon:

> "Die allgemeine Betonung der Männlichkeit bei den Yanonami findet auch darin Ausdruck, daß jeder gerne als erstes Kind einen Sohn haben möchte. Es kommt häufig vor, daß Frauen neugeborene Mädchen töten, um dem Ehemann nicht zu mißfallen. Männliche Nachkommen sind erwünscht, weil sie zu Kriegern heranwachsen und damit zur Selbstständigkeit und Unabhängigkeit der Gruppe beitragen. Mädchen dagegen gelten als vergleichsweise nutzlos, weil sie oft, wenn sie Männer aus anderen Dörfern heiraten, der Gruppe verlorengehen." (1971:168)

4. Von den Pira-Paraná (C.Hugh-Jones 1979:126) liegt eine Information vor, daß angespannte Beziehungen zwischen Mutter und Vater für einen Infantizid ausschlaggebend sein können.
5. Ein zu kurzes Intervall zwischen den Geburten kann bei den Yanoama (Chagnon 1971:168) als Grund für einen Infantizid dienen. Chagnon führt dazu weiter aus:

> "Die Kinder werden bis zum dritten Lebensjahr von der Mutter genährt. Daraus ergibt sich bei den Yanomamö die demographisch faszinierende Konsequenz einer Geburtenplanung, die unerwartete Ähnlichkeiten mit dem Verhalten von Ehepaaren in industriellen Gesellschaften zeigt." (1971:168)

6. Das Auftreten von Mißbildungen ist einer der häufigsten Ursachen für den Infantizid. Hierunter werden neben den körperlichen Defekten auch mentale gefasst. Bei den Jivaro (Harner 1972:85) ist die Tötung mißgebildeter Kinder die Regel. Quandt (1807:254) berichtet, daß die Indianer von Surinam Kinder mit mißgebildeten Gliedern bald umkommen lassen.

Auch die Okáina (Tessmann 1930:129) und Surára und Pakidai (Becher 1960:62) töten mißgebildete Kinder. Bei den Taulipáng (Koch-Grünberg 1923:139) läßt man als Krüppel geborene Kinder offensichtlich bald nach der Geburt umkommen. Eine Information über die Praktizierung des Infantizides bei den Omagua findet sich bei Chantrè y Herrera:

> "Apenas veian una criatura recién nacida con una falta natural que les parecía fealdad, al punto la condenaban á muerte, y sin humanidad, compasión ni reparo, la enterrabán viva. Esta era la única y verdadera causa de no verse entre ellos algún contrahechó ó defectuoso." (1901:76)

Chantrè y Herrera weist hier auf den wichtigen Umstand hin, daß bei vielen indianischen Gruppen keine verkrüppelten Kinder gefunden werden. Smole (1976:49) führt dazu aus, daß durch die Tötung von Mißbildungen der Effekt erreicht wird, daß die übrige Population genetisch gesund ist. Goldman (1963:166) ist davon überzeugt, daß es der Effekt des Infantizides ist, daß ein Kind in eine Familie hineingeboren wird, die es auch wirklich will.

3.3.2. Der Sonderfall: Zwillinge.

Bei der Darstellung der Couvade wurde gezeigt, daß nach dem Glauben einiger Gruppen (Tucuna, Waiwai) der Verzehr gewisser Nahrungsmittel zu der Geburt von Zwillingen führt. Es wurde bereits gezeigt, daß die gleichzeitige Aufzucht mehrerer Kinder von den Indianern negativ bewertet und ein zu kurzes Intervall zwischen den Geburten als Grund für einen Infantizid genommen werden kann. Es stellt sich daher die Frage, wie sich die Indianer verhalten, wenn zwei Kinder zur gleichen Zeit geboren werden.
Zur Beantwortung dieser Frage sei hier ein Zitat vorangestellt:

> "Dió mucho en que entender á los misioneros del Marañon, no ver entre tantos gentiles algunos gemelos, contrahechos ó defectuosos, y pareciéndoles imposible tanta

uniformidad en los partos y en la entereza é igualdad de miembros entre tantas gentes, pensaban seriamente sobre la causa de aquella novedad. Tardaron algún tiempo en descubrirla, porque el indio tira mucho a ocultar sus cosas y no suele bastar á descubrir sus abusos la mayor vigilancia del misionero. Pero luego, hallaron los primeros padres, cuando fueron adquiriendo práctica de las tierras, que no se encontraban gemelos en ellas, porque los gentiles miraban aquellos partos como efecto de algún influjo del demonio. ... Por eso decían que el parto de dos era infamia de la mujer y del marido, y que no se podía borrar hasta que la mujer no tuviese un parto regular y ordinario.

Lo más común etre ellos, cuando nacían dos criaturas, era el matar una de ellas, dejando á elección del padre cuál habia de quedar con vida y ser criada de su propia madre. No dejaban de disculparse en aquella crueldad con la mucha molestia y trabajo de criar dos á un tiempo; pero no era éste, sino el insinuado arriba, el verdadero motivo de deshacerse de la criatura, y tal vez las mataban ambas si podian ocultar de algún modo la causa de la infamia en que incurrian." (Chantrè y Herrera 1901:73/74)

Dieses Zitat spricht einige wichtige Aspekte an. Chantrè y Herrera weist darauf hin, daß Zwillinge und Mißbildungen in manchen indianischen Gruppen offenbar nicht vorkommen. Bei der Überprüfung dieses Sachverhaltes stößt man offenbar auf Schwierigkeiten, da die Indianer darüber nur ungern Auskunft geben möchten. Werden aber Zwillinge geboren, so wird eins getötet, daß angeblich vom Vater ausgewählt ist. Die Indianer geben als Grund für die Tötung eines Kindes Schwierigkeiten bei der Aufzucht an. Chantrè y Herrera sieht diese Praxis jedoch in dem Aberglauben und der Furcht der Indianer vor der Schmach, Zwillinge geboren zu haben, begründet. Er läßt sich sogar zu der Vermutung verleiten, daß die Indianer wohl beide Zwillinge töten würden, wenn sie dadurch ihre Schmach verbergen könnten. Diese Punkte sollen hier aufgegriffen werden.

Die Tötung von Mißbildungen wurde bereits unter dem vorangegangenen Punkt behandelt. Bei den Bora, Muenane und Okáina (Tessmann 1930:279,337,558) sind Zwillinge nicht bekannt oder kommen nicht vor. Bei den Yagua (Fejos 1943:70) sind Zwillinge eine Seltenheit. Diese Beobachtungen bestätigen die Angaben von Chantrè y Herrera und könnten vielleicht als Indiz für die Tötung eines Zwillings gewertet werden.

Einige Gruppen Amazoniens bezeichnen Zwillinge als Unglück, andere Gruppen dagegen bewerten sie positiv. Die einzelnen Möglichkeiten sollen hier dargestellt werden:

1. Zwillinge werden negativ bewertet, beide werden getötet.

Goldman (1963:167) berichtet, daß manche Cubeo angeben, daß ein Zwilling getötet wird. Andere Informationen sprechen von der Tötung beider.

2. Zwillinge werden negativ bewertet, einer wird getötet.

Im Gegensatz zu Goldman ist Koch-Grünberg (1909/10:II146) von einer Tötung beider Zwillinge bei den Cubeo offensichtlich nichts bekannt. Er berichtet, daß bei einer Zwillingsgeburt das Zweite getötet wird, oder, falls es sich um Zwillinge unterschiedlichen Geschlechts handelt, das Mädchen.

Die Sirionó (Holmberg 1969:184/5) töten zwar keinen Zwilling, da die Mutter aber oft nicht in der Lage ist, beide aufzuziehen, stirbt häufig einer.

3. Zwillinge werden negativ bewertet, aber am Leben gelassen.

Die Tucuna (Nimuendajú 1952:68) sind über eine Geburt von Zwillingen nicht erfreut, da sie die Arbeit der Mutter vermehren. Beide werden aber am Leben gelassen. Auch bei den Witoto (Tessmann 1930:326) sind Zwillinge nicht erwünscht, werden aber aufgezogen.

4. Zwillinge werden positiv bewertet.

Im Gegensatz zu Nimuendajú gelangt Tessmann (1930:563) zu der Ansicht, daß die Geburt von Zwillingen bei den Tucuna als ein glückliches Ereignis angesehen wird. Die Tschama (Tessmann 1928:213) freuen sich über Zwillinge, da so die Gruppe rascher anwächst. Die Wapisiana (Farabee 1918:96) halten Zwillinge, die sehr selten vorkommen, für ein gutes

Omen. Die Eltern sind stolz aus sie. Die Siusí (Koch-Grünberg 1909/10:I183) kannten nur einen Fall einer Zwillingsgeburt vom Hörensagen, beurteilten ihn aber als 'sehr gut'. Der am häufigsten genannte Grund für eine negative Bewertung einer Zwillingsgeburt ist die Schwierigkeit, die eine Aufzucht von zwei Kindern der Mutter bereiten würde. Insofern stimmt die von Chantrè y Herrera überlieferte Information mit den hier gelieferten überein. Für eine Begründung der Tötung eines Zwillings aus einem Gefühl der Schmach sehe ich keine hinreichenden Anhaltspunkte. Die hier gemeinte Schmach liegt in der Übertretung perinataler Vorschriften, die erst eine Zwillingsgeburt möglich machten. Würden diese Kinder als lebender Beweis der Schmach gelten, bei einer solchen Übertretung 'ertappt' worden zu sein, so müßte ja auch konsequenterweise jedes kranke Kind getötet werden, das ja auch auf eine Nichteinhaltung der Couvade zurückzuführen ist. Das ist jedoch nicht der Fall.
Die Ursachen für die unterschiedliche Bewertung einer Zwillingsgeburt können manigfaltig sein. Bei Chantrè y Herrera (1901:74) gibt es einen Hinweis darauf, daß ein Zwilling vor der Ankunft von Missionaren getötet wurde, diese Praxis jedoch unter deren Einfluß aufgegeben wurde. Ein Indiz für einen Wandel der Gewohnheiten findet sich auch bei den Quijo (Oberem 1971:195), wo früher ein Zwilling getötet wurde, heute aber einer von der Mutter aufgezogen wird und der andere an eine andere Familie abgegeben wird.
Vermutlich richtet sich die Entscheidung, ob Infantizid an einem Zwilling verübt wird oder nicht nach der speziellen Situation der Gruppe und der betroffenen Individuen. Kriterien für eine solche Entscheidung könnten z. B. sein, ob es die Mutter verkraftet, beide Kinder aufzuziehen, ob es die ökonomische Situation der Familie erlaubt, zwei Kinder gleichen Alters zu haben, ob Nachwuchs gewünscht und benötigt wird oder nicht, usw.

4. Die funktionale Analyse der prä- und postnatalen Bräuche in Amazonien.

In einem Aufsatz über die funktionale Analyse stellt Merton (1973:193-199) ein Paradigma für die funktionale Analyse auf. Er nennt dieses Paradigma eine

> "... Kodifikation derjenigen Begriffe und Probleme, die sich bei der kritischen Musterung laufender empirischer Forschung und theoretischer Formulierung in der funktionalen Analyse unserer Aufmerksamkeit aufgedrängt haben." (1973:194)

Als Grundbedingungen für die Durchführung einer funktionalen Analyse nennt er die 'Standardisierung' des zu untersuchenden Gegenstandes, d. h., daß er strukturiert ist und repetitiv auftritt. Diese Bedingung ist im Fall der perinatalen Bräuche erfüllt. Ihre Struktur äußert sich in den ihnen zu Grunde liegenden interdependenten und reflexiven Regeln, wie ich sie unter Punkt 2.6. dargestellt habe. Bei Gelegenheit einer Geburt kommen diese Regeln repetitiv zur Anwendung. Merton macht darauf aufmerksam, daß man zwischen subjektiver Disposition und objektiven Folgen unterscheiden muß. Die subjektive Disposition oder Motivation wurde unter den Punkten 3.1. bis 3.3.2. behandelt. Die objektiven Folgen werden in den sich hier anschließenden Punkten (4.1. bis 4.4.) besprochen. Die von den Indianern durch die Einhaltung der Couvade beabsichtigten Folgen wurden im Vorangegangenen auch als manifeste Funktionen bezeichnet (siehe Punkt 3.2.). Analog dazu sind die Folgen, die nicht bewußt herbeigeführt werden sollen, aber objektiv vorhanden sind, die latenten Funktionen. (Damit soll nicht ausgesagt werden, daß die manifesten Funktionen keine objektiven Folgen haben können. Das Unterscheidungsmerkmal ist hier lediglich, ob diese Folgen beabsichtigt oder nicht beabsichtigt sind.)
Diese Arbeit macht es sich zur Aufgabe, hauptsächlich auf die positiven Effekte (Funktionen) perinataler Bräuche einzugehen. Damit soll nicht bestritten werden, daß auch negative Effekte (Dysfunktionen) oder irrelevante (nicht funk-

tionale) Folgen existieren können. Ferner ist es durchaus denkbar, daß eine Regel in verschiedenen Bereichen unterschiedliche Effekte bewirkt.

Manifeste Funktionen äußern sich vorwiegend in Absichtserklärungen, latente in den Handlungen selbst. Für eine Wertung der Funktionen ist der Gesichtspunkt, unter dem eine Analyse vorgenommen werden soll, entscheidend:

> "Handlungen sprechen deutlicher als Worte. Wenn jemand z. B. ein Amulett gegen Krankheiten trägt, kann man das trotz seiner eigenen, kulturell bedingten Beteuerungen nicht als ein Phänomen der vorbeugenden Medizin betrachten, weil jeder Wissenschaftler weiß, das Bakterien sich nichts aus Amuletten machen. Umgekehrt aber könnte ein religiöses Schweinefleischverbot als Regel der vorbeugenden Medizin gelten, wenn die Ausbreitung der Trichinose dadurch faktisch verhindert wird. Daß läuft auf die Behauptung hinaus, daß unter dem Gesichtspunkt der vorbeugenden Medizin latente Funktionen bedeutsamer sein können als manifeste." (Paul 1971:95)

Die Gesichtspunkte unter denen hier die Funktionen der Couvade analysiert werden sollen sind: der ökonomische, der soziale, der psychologische und der biologisch-physische Aspekt.

Merton verlangt, daß in einer funktionalen Analyse die Mechanismen, die eine 'Funktion erfüllen helfen detailliert und konkret' dargestellt werden. Dies soll hier versucht werden.

Der Versuch, allen perinatalen Bräuchen eine Funktion zuzuordnen, würde den Rahmen dieser Arbeit sprengen. So wird hier vielmehr danach vorgegangen, bestimmte Kategorien von Bräuchen und den ihnen zu Grunde liegenden Regeln bestimmten Kategorien von Funktionen zuzuordnen. Dabei wird hauptsächlich auf die perinatalen Verhaltensweisen zurückgegriffen, die bereits bei der Darstellung der Couvade angeführt wurden und dort nachzuschlagen sind.

4.1. Der ökonomische Sektor.

Die Mehrzahl der ökonomischen Funktionen der perinatalen Regeln resultieren in einer Reduzierung der Arbeit. Das ökonomische Hauptinteresse der indianischen Gruppen Amazoniens richtet sich auf die Beschaffung von Nahrung.

> "The major economic concern in the Northwest Amazon is, of course, food, and in the houses of the Barasana and Taiwano at least, food is quite often scarce. The reality of times of hunger cannot be avoided by anyone growing up in the culture. This applies mostly to game and fish, rather than manioc products. Thanks to the continuous, strenuous efforts of the women, the essentially carbohydrate cassava bread and other manioc products are usually on hand in sufficient amounts. They are supplemented by other cultivated tubers, fruits, green leaf foods, and by collected jungle fruits and small animals such as ants and larvae." (Langdon 1981:57)

Dieses Zitat, das sich auf einen Fall aus dem Gebiet des Nordwest-Amazonas bezieht, ist einigermaßen repräsentativ für ganz Amazonien.
Auf den ersten Blick erscheint es verwunderlich, daß gerade die im perinatalen Zeitraum gesundheitlich besonders beanspruchte Frau ihren ökonomischen Aktivitäten intensiver nachgeht als ihr Mann. Während der Mann, durch die Jagd- und Fischfangverbote eingeschränkt, seinen Beitrag zur Nahrungsmittelbeschaffung nur in erheblich reduziertem Maße leistet, ist es nach wie vor Aufgabe der Frau, das Hauptnahrungsmittel, Maniok, zu beschaffen.
Bei der Darstellung der Couvade wurde gezeigt, daß die Jagd- und Fischfangverbote sich hauptsächlich auf Tiere beziehen, die in Bezug auf ihre eßbare Substanz als 'groß' anzusehen sind, oder in Bezug auf ihre Beschaffung als 'gefährlich' oder 'schwierig' gelten. Dieser Sachverhalt wird bereits von Cohen erwähnt:

> "At first glance, these rules and customs seem arbitrary and capricious, but evidence is accumulating that

there are rational elements in them. Although it would be difficult in the present stage of knowledge to apply this principle to every dietary taboo or custom in every society, it seems that prohibitions are placed on those foods that are the most difficult and dangerous to procure." (1979:731)

Die Beschaffung dieser Tiere hat nicht nur für den Mann, sondern auch für die Frau direkte ökonomische Konsequenzen. Schon Quandt verwies 1807 auf den Zusammenhang zwischen der Jagd großer Tiere und dem Arbeitspensum der Frau:

"So ist ihm [dem Vater] nur erlaubt, in der Nähe mit dem Pfeil kleine Vögel zu schiessen und kleine Fische zu angeln. ...überdem würden die Weiber bey den Umständen zu viel Arbeit bekommen, wenn der Mann großes Wild zu Hause brächte, weil der Mann, sobald er von der Jagd oder Fischerey zu Hause kommt, alle übrige Arbeit mit dem, was er erjagt hat, der Frau überläßt." (1807:252/3)

Eine erfolgreich abgeschlossene Jagd auf große Tiere würde direkt in einem erhöhten Arbeitspensum der Frau resultieren. Je größer die Beute und die Menge des zu verarabeitenden Fleisches, desto mehr Arbeit besteht für die Frau. Großes Wild ist oft auch gefährliches oder schwer zu beschaffendes Wild. Ruddle (1970:23) weist darauf hin, daß bei den Maracá die Größe der Jagdgesellschaft von dem zu jagenden Tier abhängt. Die Jagd auf kleine Tiere, wie z. B. Vögel, wird oft individuell durchgeführt; die Jagd auf große und gefährliche Tiere, wie z. B. auf Großkatzen oder eine Boa Constrictor, mit entsprechend großen Jagdgesellschaften. Manche Tiere erfordern kräftezehrende, langdauernde und weit von zu Hause wegführende Jagdzüge und sind zudem nicht immer erfolgreich:

"Deer are fast game and ascape easily." (Dumont & Hurlich 1981:20)

Diese oft uneffektiven Jagdzüge auf Tiere, die das Kriterium der schwierigen Beschaffung erfüllen, erhöhen den Kalorienbedarf des heimkehrenden Jägers und damit die Arbeit der Frau, die für die Deckung dieses Bedarfes zu sorgen hat. Die

Jagd auf gefährliche Tiere ist immer auch eine beschwerliche Jagd und hat somit die gleichen ökonomischen Konsequenzen, wie die hier beschriebene.
In einigen Fällen, wie z. B. bei den Bora, geht der Mann sofort nach der Geburt jagen. Aber bezeichnenderweise gibt er die erlegte Beute nicht seiner Frau, sondern anderen Frauen zur Verarbeitung, so daß auch hier keine Mehrbelastung für die junge Mutter entsteht.
Die Reduzierung der ökonomischen Aktivitäten darf jedoch nicht so weit gehen, daß eine Gefährdung des Fortbestandes der Gruppe eintreten könnte. Auch im perinatalen Zeitraum werden alle essentiellen ökonomischen Aktivitäten wahrgenommen. Nicht unbedingt erforderliche Arbeiten können durch die Regeln der Couvade eingeschränkt werden. Wenn z. B. eine schwangere Tucuna Frau weder Mais anpflanzen noch töpfern darf, bedeutet dies eine Erleichterung für die werdende Mutter, aber keine nennenswerte Beeinträchtigung der Ökonomie. Die Arbeiten an Mais werden bei den Tucuna sowieso vorzugsweise von den Männern vorgenommen. Das Töpfern kann von Männern oder Frauen erledigt werden. Wo es die geschlechtliche Arbeitsteilung zulässt, wird eine Frau in der perinatalen Zeit möglichst entlastet.
Eine der geschlechtlichen Arbeitsteilung nach für die Frau bestehende Arbeit kann jedoch nicht unterlassen werden: die Zubereitung des Maniok.

> "This must be regarded as absolutely essential, since without it the family would starve." (Fock 1963:143)

Wenn es die soziale Organisation der Gruppe erlaubt, wird selbst die Zubereitung der Nahrung noch von anderen Frauen als der Mutter übernommen. Das ist, wie gezeigt wurde, z. B. bei den Piaroa der Fall.
Auch die Tötung eines Zwillings bedeutet letztlich eine Reduzierung der für die Mutter in einer biologisch kritischen Phase bestehenden Pflichten.
Mißgebildete Menschen stellen für eine Population, die in einer Umgebung lebt, in der das zum Überleben notwendige Quantum an Nahrung nicht immer gewährleistet ist, häufig eine ern-

ste Belastung dar. Ihre Arbeitsfähigkeit ist oft eingeschränkt, so daß sie nicht ihren Teil zur Sättigung des täglichen Nahrungsmittelbedarfs beitragen können. Der Infantizid an mißgebildeten Kindern ist eine Maßnahme, die die zukünftige ökonomische Stärke der Gruppe gewährleisten soll.
Die für den Mann bestehenden Verbote, 'schwere' und 'gefährliche' Arbeit zu verrichten, bedeuten, wie auch die Jagd und Fischfangrestriktionen, nicht nur eine Reduzierung der ökonomischen Anstrengungen des Mannes, sondern auch der Frau. Arbeitet der Mann wenig und verrichtet vor allem keine schweren Arbeiten, sinkt auch sein Kalorienbedarf. Vermeidet er gefährliche Arbeiten, wie auch gefährliche Jagden, vermindert er sein Risiko, verletzt zu werden. Wird er verletzt, ist es die Frau, die für ihn sorgen und ihn pflegen muß, was sie zusätzlich physisch belasten würde.
Das Reiseverbot schließlich ermöglicht es der Frau, ihren Mann für Entlastungen bei ihrer Arbeit heranzuziehen. Dieser Punkt wurde schon von Quandt aufgegriffen:

> "Dieser Aberglaube scheint von den Weibern darum aufgebracht zu seyn, ihre Männer zu der Zeit, da sie ihre Hülfe am nöthigsten haben, bey sich zu erhalten ... "
> (1807:253)

(Vergleiche dazu die von Kunike vorgenommene Interpretation der Couvade, Punkt 1.1.1.) Auch Fock betont diesen Aspekt:

> "It happened several times to the author that his main informant, himself the father of an infant, was called home by his wife in order that, lying in the hammock, he could look after the child whilst the wife prepared the cassava." (1963:144)

Holmberg (1969:174) berichtet einen Fall, wo drei Frauen der Sirionó Fehlgeburten hatten, die unter harten Bedingungen Zwangsarbeit verrichten mußten. Die Sirionó erklärten dieses Ereignis dadurch, daß sie weit über das Maß hinaus, was ihnen körperlich zuträglich war, arbeiten mußten, obwohl sie normalerweise alle vorkommenden Fehlgeburten der Übertretung gewisser perinataler Vorschriften zuschreiben. Dieses Beispiel zeigt, daß den Indianern sehr wohl bekannt sein muß, daß eine Frau im perinatalen Zeitraum ihre ökonomischen Aktivitäten einschränken muß.

4.2. Der soziale Sektor.

Mit der Geburt eines Kindes verändern sich die Rollen der Mitglieder einer Familie und die Rolle der Familie innerhalb einer Gruppe. Einige Regeln der Couvade haben die Funktion, diede Veränderungen zu betonen.
Die Rolle des Mannes ändert sich insofern, daß er nicht mehr nur Ehemann ist, sondern auch Vater. die Regeln der Couvade erinnern ihn an diese neue Rolle und die damit verbundenen Pflichten. Seien es nun Nahrungsmittelrestriktionen oder sei es z. B. das Reiseverbot, in dem Moment, wo er sich dieser Vorschriften bewußt wird, wird er auch an seine Pflichten als Vater erinnert. Die Reduzierung der Arbeit und andere Vorschriften ermöglichen es ihm, sich verstärkt auf seine Rolle als Vater zu konzentrieren. Durch die Einhaltung der perinatalen Regeln kann der Mann selbst zum Ausdruck bringen, daß er bereit ist, die ihm als Vater auferlegten Pflichten zu erfüllen.
Auch die anderen Mitglieder der Familie und der Gruppe erinnern den Vater durch symbolische Handlungen an seine Aufgaben. Bei den Cubeo und den Siusí darf das Kind nicht im männlichen Teil des Hauses geboren werden. Es wird rituell in die männliche Domäne des Hauses eingeführt. Die soziale Funktion dieses Brauches ist die Aufforderung der Gruppenmitglieder an den Vater, seinen Pflichten nachzukommen.
Auch die Rolle der Frau wird durch die Ankunft ihres Kindes um die der Mutter erweitert. Auch sie wird durch den Komplex der für sie bestehenden Regeln an diese neue Rolle erinnert. Auch sie kann durch die Befolgung dieser Regeln ihre Bereitschaft zeigen, die Pflichten, die diese neue Rolle mit sich bringt zu erfüllen.
Ein Teil der perinatalen Regeln hat aber auch die Funktion, die Solidarität der Eltern untereinander zu bestärken. Dies manifestiert sich schon in dem gemeinsamen Einhalten der Regeln. Auch die Isolation in der Wochenstube ermöglicht es Mann und Frau sich auf ihre gemeinsamen Probleme und ihr Kind zu konzentrieren und sich untereinander stärker zu identifi-

zieren.
Durch die Geburt eines Kindes komplettiert sich die Nuklearfamilie. Ein Kind garantiert das Fortbestehen der Familie und somit auch der Gruppe. S. Hugh-Jones (1979:216) verweist darauf, daß die Barasana dem Kind in der ersten Zeit nach der Geburt offensichtlich noch keinen 'menschlichen Status' zuerkennen. Eine ähnlich gelagerte Situation besteht bei den Cubeo (Goldman 1963:171), die ein Kind im ersten Jahr nach der Geburt noch nicht als volles Mitglied der Familie ansehen. Diese Ansichten lassen sich als in der hohen Kindersterblichkeit begründet interpretieren. Da die erste Zeit nach der Geburt für das Überleben des Kindes äußerst kritisch ist un die Wahrscheinlichkeit, daß es zum erwachsenen Menschen und damit (ökonomisch) vollwertigen Mitglied der Gruppe wird, proportional mit dem Alter des Kindes zunimmt, ist es sinnvoll, das Kind erst dann als vollwertiges Mitglied der Familie anzuerkennen, wenn sein Überleben gesichert scheint. Eine Funktion der häufig als Abschluß der Couvade inszenierten Purifikationszeremonien ist, die Gruppe darauf hinzuweisen, daß das Kind nun als ihr Mitglied angesehen werden kann. Dies schildert Ocando Oria in einem von ihm gewonnenen Eindruck über eine Purifikationszeremonie bei den Makiritare:

> "Fue así como la niña hizo socialmente su entrada en la vida del pueblo." (1965:63)

Symbolische Handlungen sind oft Ausdruck sozialer Bedürfnisse. Wie bereits erwähnt wurde, sichern Kinder das Fortbestehen einer Gruppe. Einige perinatale Regeln haben die Funktion, darauf zu verweisen, daß die Familie durch die Geburt eines Kindes dazu einen Beitrag leisten wird oder geleistet hat. Die Weigerung einer schwangeren Cubeo Frau, andere Frauen ihrer Gruppe mit Genipa zu bemalen, was unter 'normalen' Umständen üblich ist, kann als Hinweis auf ihren Zustand gedeutet werden. Spezielle Körperdekorationen vor, während und nach der Geburt können in gleicher Weise gedeutet werden.
Das Löschen und neue Entfachen aller Feuer (Barasana) und das Heraus- und Hereinschaffen aller materiellen Güter aus dem Haus und in das Haus (Barasana, Pirá-Paraná) nach einer er-

folgreichen Geburt, kann auch als Hinweis in obigem Sinne verstanden werden. Gleichzeitig kann man diese Bräuche auch als Aufforderung verstehen, sich gegenüber der jungen Mutter und ihrem Kind rücksichtsvoll zu verhalten.
Bei einigen Gruppen halten die Eltern nach der Geburt ihres Kindes einen regelrechten 'öffentlichen Empfang' ab, um der Gruppe das Neugeborene zu präsentieren:

> "Nach einer glücklichen Geburt empfangen die Eltern am nächsten Morgen den Wochenbesuch der Verwandten und Freunde." (Koch-Grünberg 1923:362)

Eine weitere Funktion der perinatalen Regeln im sozialen Bereich ist die Integration der Familie und ihres Kindes in die Gruppe. Die Eltern können durch die Einhaltung der perinatalen Regeln ihre Bereitschaft zeigen, die Normen der Gruppe und damit die Gruppe selbst anzuerkennen. Einige Gruppen zeigen sogar eine besonders ausgeprägte Bereitschaft zur Integration: Bei den Sanéma-Yanoama (Barandiaran 1967:137/38) z. B. reinigt die Mutter nach der Geburt ihres Kindes dessen Mund mit Wasser. Das soll bewirken, daß das zukünftige Mitglied der Gruppe deren Sprache richtig erlernen kann. Kann ein Kind in eine Gruppe nicht integriert werden, weil es z. B. keinen legitimen Vater hat, so fällt es oft einem Infantizid zum Opfer.

4.3. Der psychologische Sektor.

Unter Punkt 2.6. wurde dargestellt, daß die Regeln der Couvade interdependent und reflexiv sind. Hier muß jetzt darauf hingewiesen werden, daß auch die Funktionen dieser Regeln interdependent und reflexiv sind. Das Verrichten nur der notwendigsten Arbeiten z. B. zieht von beiden Eltern jeden überflüssigen Stress ab und erlaubt ihnen, sich ganz auf ihr Kind zu konzentrieren. Die Anerkennung des Kindes durch die Gruppe z. B. gibt den Eltern nicht nur eine Sicherheit im sozialen, sondern auch im psychischen Bereich.
Die Funktion des psychologischen und biologisch-physischen Sektors sind untrennbar miteinander verbunden, denn körperliche und geistige Verfassung stehen in einem engen Zusammenhang. Viele der im psychologischen Sektor angeführten Funktionen könnten daher auch im biologisch-physischen Sektor genannt werden und umgekehrt.
Bei der Besprechung der Funktionen des ökonomischen Sektors wurde gezeigt, daß die Frau im perinatalen Zeitraum nur die notwendigsten Arbeiten verrichtet. Auf diese Weise wird unnötiger Arbeitsstress von ihr abgezogen. Die Indianer wissen, daß psychologische Instabilitäten irgendwelcher Art in der Schwangerschaft negative Folgen haben können. Holmberg (1969: 175/6) schildert einen Fall, wo eine schwangere Sirionó Frau, die vermutlich noch nie ein Flugzeug gesehen hatte, ein Flugzeug auf einem See notwassern sah. Die Frau war darüber so erschrocken, daß sie in der folgenden Nacht eine Fehlgeburt hatte.
Bei den Cubeo erfuhren wir von einer besonderen Aufmerksamkeit der Gruppe gegenüber einer schwangeren Frau. Der Vater darf z. B. seiner Frau gegenüber keine allzu große 'Gier' nach Maniok zeigen. Er muß sich mit dem zufriedengeben, was die Frau zubereitet hat. Die Cubeo Frau sollte ganz allgemein darauf achten, daß sie psychisch nicht zu sehr belastet wird. Dadurch kann eine Beeinflußung des Schmerzempfindens erreicht werden, das, auch bei der Geburt, in sehr großem Maße von der subjektiven psychischen Verfassung abhängig

ist.

"In Wirklichkeit besteht nämlich bei vielen, wenn nicht sogar bei allen primitiven Völkern eine ausgesprochene Angst vor der Geburt; die Frauen haben erhebliche Schmerzen, die Mortalität von Müttern wie auch Kindern ist außerordentlich hoch und führt vielfach dazu, daß komplizierte Verfahren Anwendung finden, die dem Beobachter unter Umständen wegen ihrer Unwirksamkeit fast ebenso schmerzhaft erscheinen wie den gebärenden Frauen selbst. Wenn die Frau sich jedoch während der Geburt entspannt, insbesondere die Beckenmuskulatur, dann empfindet sie die Wehen als weniger schmerzhaft, als wenn sie sich verkrampft." (Lidz 1974:161/162)

Die Wahl eines der Frau vertrauten Ortes für die Geburt übt mit Sicherheit einen Einfluß auf die psychische Verfassung der Frau aus. Sie weiß, daß Hilfe da ist, wenn sie welche braucht. Es spielt dabei keine Rolle, ob ihr ihr Mann oder andere Frauen helfen. Wichtig ist nur das Wissen um diese Hilfe.

Die Bereitschaft des Mannes, sich den Regeln der Couvade zu unterwerfen, sich zu seinem Kind zu bekennen und für seine Zukunft Sorge tragen zu wollen, bleibt auch nicht ohne Auswirkungen auf die psychische Verfassung der Frau. Gerade im gemeinsamen Einhalten des Wochenbettes zeigt sich diese Bereitschaft.

"An important function of the family ... is emotional or psychic security. ... companionship and parenthood seem to be the most important sources of psychological security because elsewhere, at work and in other groups, more value is placed on efficiency and matter-of-fact relations." (Boalt 1979:156)

Wie kann sich die Liebe der Eltern zu ihrem Kind besser manifestieren, als in der ständigen Bereitschaft, für es zu sorgen und sich ganz auf es zu konzentrieren? All das wird durch das gemeinsame Einhalten des Wochenbettes erreicht.

Alle magischen Mittel, die die im perinatalen Zeitraum drohenden Gefahren vermeiden helfen sollen, haben ungeachtet ihrer objektiven Unwirksamkeit doch einen psychologischen

Effekt: Sie vermitteln Sicherheit.
Das Reiseverbot hat neben anderen auch eine psychologische Funktion. Der Mann kann, wenn er zu Hause bleibt, die Entwicklung seines Kindes aus nächster Nähe beobachten und braucht sich so keine unnötigen Sorgen zu machen. Die Frau ihrerseits sieht, daß dem Mann nichts Übles widerfährt, was auf Reisen nicht selten der Fall ist.
Im alkoholisierten Zustand kommt es bei den indianischen Gruppen häufig zu Streitereien. Das Alkoholverbot hat die direkte Folge, daß solche Streitereien unterbleiben.
Das Kind ist sowohl in seiner prä- wie auch in seiner postnatalen Entwicklung von der Zuneigung seiner Eltern abhängig.

> "Schon Neugeborene schreien weniger, wenn man sich ihnen häufiger und intensiver widmet." (Lidz 1974:191)

Die enge Beziehung zwischen Eltern und Kind äußert sich nicht nur im gemeinsamen Halten des Wochenbettes, sondern auch in der Zeit danach:

> "Bis zum Zeitpunkte, wo das Kind sich seinen eigenen Füssen anvertrauen kann, sieht man die Mutter selten ohne dasselbe; es ist bis dahin ein integrirender Theil ihres Ichs." (Martius 1867:643/4)

Goldman (1963:166) führt aus, daß bereits der Infantizid dafür sorgt, daß das Kind in eine Familie hineingeboren wird, die es auch wirklich haben will.
Auf einen weiteren wichtigen Aspekt der perinatalen Regeln weist Mashinkiash hin:

> "Los shuar ... tienen una serie de tabúes o abstinencias que la misma cultura y espiritualidad dictan, y obligan a una vida austera; todo es un conjunto que crea un sistema imponiendo disciplina al pueblo y los defiende contra los peligros de la selva." (1976:8)

Die Einhaltung der perinatalen Vorschriften fördert die Disziplin der Familie, die zweifellos nötig ist, um ein Kind in einer derart feindlichen Umgebung, wie sie die tropischen Wälder Amazoniens bilden, aufzuziehen.

4.4. Der biologisch-physische Sektor.

Einige der bereits in den vorigen Punkten angeführten Funktionen haben ebensogut einen Effekt auf den biologisch-physischen Sektor. So wurde z. B. gezeigt, daß die psychische Stabilität der Mutter für eine leichte Entbindung sorgen kann. Die pränatale Gesundheit der Mutter übt einen direkten Effekt auf die Gesundheit des Foetus aus.

> "Defective health of the mother can in some instances, become a cause of the physical impairment or death of a fetus." (Arey 1979:749)

Das Kontaktvermeidungsverbot und das Reiseverbot können z. B. den Effekt haben, die Infektion mit irgendwelchen Krankheiten durch die Vermeidung des Kontaktes mit anderen Personen zu verhindern.
Auch die Nahrungsmittelrestriktionen, die im Wesentlichen den Genuß von Fleisch unterbinden, können einen direkten Einfluß auf die Gesundheit von Mutter und Kind haben.

> "Schwer verdauliche Fleischspeisen verursachen Beschwerden, schaden also dem Kinde. Eine mäßige Diät wird in normalen Fällen eine leichtere Geburt gewährleisten." (Koch-Grünberg 1923:137)

Das von den Cashibo überlieferte Gebot, daß eine schwangere Frau nicht hüpfen oder springen sollte, vermeidet Erschütterungen, die dem Foetus schaden könnten.
Die einigen Gruppen bekannten Getränke, die ein leichtes Entbinden gewährleisten sollen (vergleiche Fermin 1775:I 71/72) sind wissenschaftlich nicht identifiziert und über ihre medizinische Wirksamkeit kann daher nichts endgültiges ausgesagt werden. Sie haben aber sicherlich zumindest einen psychologischen Effekt, da sie der Frau die Gewißheit geben, etwas für eine leichte Niederkunft unternommen zu haben.
Bei der Besprechung des ökonomischen Sektors wurde bereits dargelegt, daß jede unnötige Belastung der Physis der Frau im perinatalen Zeitraum vermieden werden sollte. So hat auch das Wochenbett eine elementar medizinische Funktion, da sich alles auf die Ruhe der Mutter und das Kind konzentriert. Die-

se Zeit, die von den Cubeo selbst bezeichnenderweise als 'Ausruhen' interpretiert wird, soll dazu benutzt werden, die bei der Geburt stark beanspruchte physische Kondition der Mutter wieder zu stärken. Es lassen sich aber auch noch einige weitere Funktionen des Wochenbettes anführen: Die Verletzungsgefahr wird verringert, da man sich hauptsächlich im Haus aufhält; die Gefahr für Infektionen wird durch die Vermeidung des Kontaktes zu anderen Personen verringert.
Unter Punkt 3.2.1. wurde gezeigt, daß einem Kind in Amazonien vier verschiedene Arten von realen Gefährdungen drohen: körperliche Defekte, Unfälle, Infektionen und Ernährungsdefizite. Eine Verhinderung körperlicher Defekte ist durch die Beachtung perinataler Gebote nur schwer zu erreichen. Es gibt jedoch Indizien dafür, daß körperliche Defekte, sofern sie nicht durch genetische Störungen bedingt sind, bei schweren Geburten häufiger auftreten. (Vergleiche Kübler 1968.) Vielleicht kann die Sicherung einer leichten Geburt (psychologisch) für ein vermindertes Auftreten von Defekten sorgen.
Unfälle können zum Teil dadurch vermieden werden, daß das Kind in ständigem Kontakt mit der Mutter ist. Das Risiko von Infektionskrankheiten wird durch die Isolation im Wochenbett eingeschränkt. Ernährungsdefiziten beim Neugeborenen kann dadurch begegnet werden, daß immer ausreichend Muttermilch vorhanden ist. Wie bereits gezeigt, ist es denkbar, daß die Quantität der Muttermilch durch bestimmte Getränke positiv beeinflußt werden können. Die Reduzierung der Diät auf hauptsächlich flüssige u. breiähnliche Speisen sorgt dafür, daß die Mutter ständig genügend Flüssigkeit aufnimmt, wodurch die Quantität der Muttermilch ebenfalls positiv beeinflußt wird.

> "La madre, por lo mismo, se preocupa por consumir abundante líquido, para de esta manera tener suficiente leche para él." (Mashinkiash 1976:12)

Die meisten Mittel, die den Indianern zur Verfügung stehen, um eine physische Intaktheit der Eltern und des Kindes zu gewährleisten, sind Präventivmaßnahmen.

> "Ich möchte deshalb behaupten, daß bei einer vorwissenschaftlichen Bevölkerung von allen Anpassungen, die ihr

> angesichts einer Krankheit zur Verfügung stehen, die genetisch bedingten sowie diejenigen am wirksamsten sind, die ein Verhalten involvieren, das als 'vorbeugende Medizin' zu klassifizieren wäre. Der Ausdruck 'vorbeugende Medizin' wird hier in einem Sinne verwendet, der jedes (medizinisch oder nicht medizinisch orientierte) Verhalten einschließt, das faktisch einen positiven bzw. krankheitsvermindernden Effekt auf den epidemiologischen Gesundheitszustand einer Population hat (z. B. das Baden). ... Damit soll natürlich keineswegs gesagt sein, daß alle vorkommenden Verhaltensweisen einen positiven Effekt hätten." (Alland 1971:80)

Einen wichtigen Teil dieser Präventivmaßnahmen bilden die Nahrungsmittelrestriktionen. Wie bereits festgestellt wurde, ist hauptsächlich Fleisch und vor allem das von großen Tieren von diesen Restriktionen betroffen.

> "... so sind auch während der Schwangerschaft die strengen Diätvorschriften in erster Linie hygienische Gebote, die aus der Erfahrung entstanden sind." (Koch-Grünberg 1923:137)

Die Existenz einer absuluten Verweigerung der Nahrungsaufnahme im perinatalen Zeitraum, wie sie von einigen Autoren behauptet wird, hält einer näheren Betrachtung nicht stand. Eine Nulldiät über eine längere Zeit hinweg wäre dysfunktional, da sie die ohnehin schon labile Gesundheit der Mutter weiter gefährden würde. Es konnte sogar festgestellt werden, daß bei Bedarf Nahrungsmittel auf magischem Wege gereinigt werden können und wieder in den Speiseplan der Eltern eingefügt werden. Die phasenweise Wiederaufnahme der Nahrungsmittel in den Speiseplan, die für die Mutter strenger gehandhabt wird als für den Vater, entspricht dem langsamen Wiedererstärken der durch die Geburt entkräfteten Mutter.

Trotzdem bleibt zu beachten, daß die Indianer perinatal bevorzugt leichte Speisen zu sich nehmen. Tessmann (1928:213) führte dazu aus, daß die Tschama auf Fleisch verzichten, damit die Mutter keine Leibschmerzen oder Diarrhoe bekommt. Frank (1982) berichtet, daß bei den Cashibo infolge des

Fleischgenusses häufig Koliken auftreten.
Die realen Gefahren des Verzehrs von Fleisch haben zwei Ursachen: Erstens wird Fleisch, wenn es vorhanden ist, in solchen Mengen verzehrt, daß es einfach zu Koliken führen muß. Zweitens ist das Fleisch, vor allem von großen Tieren, das nicht auf einmal verzehrt werden kann, häufig verdorben. Auf diesen Punkt weist Fock (1963:139) hin. Auch Koch-Grünberg (1909/10:II 135) berichtet von dem Verzehr von bereits verdorbenem Tapirfleisch. Es bleibt in diesem Zusammenhang noch eine Aufgabe künftiger Forschung, zu untersuchen, ob die in verdorbenem Fleisch enthaltenen Schadstoffe placentagängig sind und so die Gesundheit des Foetus beeinträchtigen können.
Ein wesentlicher Aspekt zum Verständnis des 'Funktionierens' der Couvade ist, daß durch die Reduzierung der Arbeit zur Deckung des täglichen Kalorienbedarfs auch nur weniger Nahrung benötigt wird. Die Reduzierung der Arbeit ermöglicht so erst eine Reduzierung der Diät, ohne das eine zusätzliche Schwächung der Eltern, insbesondere der Mutter, eintritt. Wie bereits gezeigt wurde, ist von der Reduzierung der Arbeit der Frau vorwiegend die Feldarbeit betroffen.

> "So stellt das Ernten und Heimbringen der Maniokwurzeln, das sich jeden Morgen oder wenigstens alle paar Tage wiederholt, große Anforderungen an die Kräfte und Ausdauer der Frauen." (Saake 1950:10)
>
> "Da für die Erneuerung der durch die Arbeit in der tropischen Sonne geschwächten Körperkräfte die gehaltreiche Nahrung fehlte, benötigten die Indianer viel Zeit zur Erholung und Ruhe." (Saake 1950:30)

Wenn eine Frau ohnehin schon viel Ruhe braucht, um sich von ihrer anstrengenden Feldarbeit zu erholen, so ist es nicht verwunderlich, daß sie im perinatalen Zeitraum noch mehr Ruhe benötigt, wie dies durch das Einhalten der Couvade gewährleistet ist.
Es wurde bereits ausgeführt, daß Arbeiten nicht gänzlich unterlassen werden, sondern lediglich reduziert werden. Daß eine vollkommene Untätigkeit für eine schwangere Frau nicht

vorteilhaft ist, oder anders ausgedrückt, daß ein gewisses Maß an Bewegung nicht schaden kann, vermutet Koch-Grünberg:

> "Die Frauen verrichten ihre Arbeiten im Haus und in der Pflanzung bis kurz vor der Entbindung. Besonders das Reiben der Maniokwurzeln, bei dem der ganze Körper stark in Mitleidenschaft gezogen wird, ist wohl die beste Bewegung für die kommende Geburt." (1923:362)

Es wurde bereits erwähnt, daß auch die Gesundheit des Vaters für die Frau von Bedeutung ist, denn wenn sich der Vater verletzt, ist es die Frau, die ihn pflegen muß und dadurch mehr Arbeit zu verrichten hat. Die Jagd- und Fischfangverbote, insbesondere die Verbote der Jagd auf giftige Schlangen oder Jaguar, resultieren direkt in der Gesundheit des Vaters, da diese Tätigkeiten ein erhebliches Verletzungsrisiko in sich bergen. Aber auch andere Tätigkeiten, die mit Waffen oder Schneidewerkzeugen ausgeführt werden, und ein Verletzungsrisiko in sich bergen, werden -wenn sie nicht unbedingt erforderlich sind- verboten.

Die besondere Vorsicht gegenüber Verletzungen zeigt sich in solchen Formulierungen, daß der Vater Waffen noch nicht einmal berühren darf.

Auch die Frauen müssen im perinatalen Zeitraum auf die in ihrer Umgebung drohenden Gefahren besonders achten. Das zeigt sich z. B. in solchen Geboten, wie sie die Tucuna kennen, daß eine Frau sich vor dem Biß einer bestimmten Ameisenart vorsehen muß.

Unter alkoholisierten Indianern kommt es häufig zu Streitigkeiten. Solche Fälle sind von Koch-Grünberg (1909/10:I 176) und Nimuendajú (1952:52) geschildert worden. Nimuendajú weist sogar ausdrücklich darauf hin, daß es bei solchen Auseinandersetzungen unter Alkoholeinwirkung zu Verletzungen mit Todesfolge kommt. Das perinatale Alkoholverbot hat somit die direkte Folge, solcher Art entstandene Verletzungen zu vermeiden.

Zusammenfassend läßt sich die Couvade als ein System interpretieren, das versucht, die biologische Krise während der Geburt und die in der Umwelt drohenden Gefahren zu kontrollieren. Die manifeste Funktion der perinatalen Regeln ist die Sicherung eines störungsfreien Verlaufes von Schwangerschaft, Geburt und Frühkindheit. Die latenten Funktionen, die sich auf den ökonomischen, sozialen, psychologischen und biologisch-physischen Sektor auswirken, zeigen, daß dieses Ziel in gewissem Maße erreicht wird. In einer Gesellschaft, der die heute in der industriellen Gesellschaft üblichen medizinischen Kenntnisse und Mittel fehlen, um einen störungsfreien Verlauf des perinatalen Zeitraumes zu sichern, werden diese durch Verhaltensregeln ersetzt.

5. Bibliographie.

Abkürzungen:

EB : Encyclopaedia Britannica
Macropaedia, Band 1 - 19, Chicago 1979

HSAI : Handbook of South Smerican Indians
Julian H. Steward (Hrsg.), 7 Volumes, Washington 1939-1946

ALLAND, ALEXANDER
1971 Krieg und Krankheit aus der Perspektive des Anthropologen,
in: Fried, Harris & Murphy (Hrsg.), S. 79-92

AREY, LESLIE. B.
1979 Embryology, Human
in: EB, Bd. 6, S. 741-753

BACHOFEN, JOHANN JAKOB
1861 Das Mutterrecht
Stuttgart

BARANDIARAN, DANIEL DE
1967 Vida y muerte entre los indios Sanemá-Yanoama
in: Antropologica, No. 21, S. 1-65, Caracas

BECHER, HANS
1960 Die Surára und Pakidái: Zwei Yanonámi-Stämme in Nordwest Brasilien
Hamburg

BESSAU, G.
1942 Allgemeiner Teil
in: Emil Feer (Hrsg), Lehrbuch der Kinderheilkunde, S. 1-104,
Jena

BOALT, GUNNAR
1979 Family and Marriage
in: EB, Band 7, S. 155-166

BRANDT, AHASVER VON
1980 Werkzeug des Historikers
Stuttgart

BRETT, WILLIAM HENRY
1868 The Indian Tribes of Guiana: Their Condition and Habits
London

BRUNETTI, J.
1890 La Guyane Francaise: Souvenirs et impressions de voyage
Tours

CASPAR, FRANZ
1953 Some Sex Beliefs and Practices of the Tupari Indians
in: Revista do museu paulista,n.s., Vol. VII, S. 203-248
Sào Paulo

CHAGNON, NAPOLEON A.
1971 Die soziale Organisation und die Kriege der Yanomamö-Indianer
in: Fried, Harris & Murphy (Hrsg.), S. 131-189

CHANTRE Y HERRERA, JOSE
1901 Historia de las misiones de la Compañía de Jesús en el
Marañón español (1637-1767)
Madrid

CIVRIEUX, MARC DE
1970 Los ultimos Coaca
in: Antropologica, No. 26, Caracas

COHEN, YEHUDI A.
1979 Dietary Laws and Food Customs
in: EB, Bd. 5, S. 728-736

CREVAUX, JULES
1883 Voyages dans l'amérique du Sud
Paris

DAWSON, WARREN R.
1929 The Custom of Couvade
Manchester

DOUGLAS, MARY
1979 Implicit Meanings - Essays in Anthropology
London

DRAPER, ELLINOR ELISABETH NANCY
1979 Birth Control
in: EB, Bd. 2, S. 1065-1073

DUMONT, JEAN-PAUL & MARSHALL HURLICH
1981 Protein, Protein what is done in thy name?
in: Kensinger & Kracke (Hrsg.), S. 18-24

DUTERTRE, JEAN BAPTISTE
1667-71 Histoire générale des Antilles habités par lesFrancois
4 Volumes, Paris

EHRENREICH, PAUL
1904 Die Ethnographie Südamerikas im Beginn des zwanzigsten
Jahrhunderts
in: Archiv für Anthropologie, Neue Serie, III
Braunschweig

ENCYCLOPAEDIA BRITANNICA
1979 Micropaedia, Band 1-10
Chicago

FARABEE, WILLIAM CURTIS
1918 The Central Arawaks
University of Pennsylvania. The University Museum. Anthropo=
logical Publications, Vol. 9,
Philadelphia

(Farabee)
1922 Indian Tribes of Eastern Peru
Cambridge
1924 The Central Caribs
University of Pennsylvania. The University Museum. Anthropo=logical Publications, Vol. 10
Philadelphia

FEJOS, PAUL
1943 Ethnography of the Yagua
Viking Fund Publications in Anthropology, Number One
New York

FERMIN, D. PHILIPP
1775 Beschreibung der Kolonie Surinam.
Erster Theil
Berlin

FERRERO, ANDRES
1967 Los Machiguengas - Tribu selvática del Sur-oriente Peruano
Puerto Maldonado

FOCK, NIELS
1960 South American Birth Customs in Theory and Practice
in: Folk, Vol. 2, S. 51-70
Kopenhagen
1963 Waiwai. Religion and Society of an Amazonian Tribe
The National Museum. Ethnographical Series, VIII
Kopenhagen

FOSTER, GEORGE M. & BARBARA GALLATIN ANDERSON
1978 Medical Anthropology
New York

FRANK, ERWIN
1982 mündlich mitgeteilte Daten seiner Feldforschung bei den Cashibo (Peru) in den Jahren 1980-1981

FRAZER, JAMES GEORGE
1910 Totemism and Exogamy
Bd. IV
London .

FRIED, MORTON, MARVIN HARRIS & ROBERT MURPHY (Hrsg.)
1971 Der Krieg. Zur Anthropologie der Aggression und des bewaffne=ten Konflikts
Frankfurt/Main

GILLIN, JOHN
1948 Tribes of the Guianas
in: HSAI, Bd. 3, S. 799-859

GIRARD, RAFAEL
1958 Indios selváticos de la Amazonía Peruano
Mexico

GOLDMAN, IRVING
1948 Tribes of the Uaupés-Caquetá region
in: HSAI, Bd. 3, S. 763-798
1963 The Cubeo - Indians of the Northwest Amazon.
Illinois Studies in Anthropology, No. 2
Urbana
1981 Cubeo Dietary Rules
in: Kensinger & Kracke (Hrsg.), S. 143-157

GREGOR, THOMAS
1980 Mehinaku - The Drama of Daily Life in a Brazilian Indian Village
Chicago

HANSEN, F.
1968 Tuberkulose
in: G. A. von Harnack (Hrsg.), Kinderheilkunde, S.197-207
Berlin

HARNER, MICHAEL J.
1972 The Jivaro - People of the sacred waterfalls
London

HOLMBERG, ALLAN
1969 Nomads of the long bow - The Sirionó of Eastern Bolivia
Garden City

HUGH-JONES, CHRISTINE
1979 From the milk river - Spatial and temporal processes in Northwest Amazonia
Cambridge

HUGH-JONES, STEPHEN
1979 The Palm and the Pleiades - Initiation and Cosmology in Northwest Amazon
Cambridge

IM THURN, EVERARD FERDINAND
1883 Among the Indians of Guiana
London

JOHNS, T. et al
1982 Anti-reproductive and other medical effects of Tropaeolum Tuberosum
in: Journal of Ethnopharmacology, Vol. 5, No. 2, S. 149-162
Lausanne

KAPLAN, JOANNA OVERING
1975 The Piaroa - A people of the Orinoco Basin - A Study in kinship and marriage
Oxford

KARSTEN, RAFAEL
1914-15 The Couvade or Male-Child bed among the South American Indians
in: Öfversikt af Finska Vetenskaps-societetens Förhandlingar
Vol. 57, Afd. B. No. 3
Helsingfors

(Karsten)
1955 Los Indios Shipibo del Rio Ucayali
in: Revista del Museo Nacional, Tomo XXIV, S.154-173
Lima

KENSINGER, KENNETH M. & WAUD H. KRACKE (Hrsg.)
1981 Food Taboos in Lowland South America
Working Papers on South American Indians, Nr. 3
Bennington

KIRCHOFF, PAUL
1948 The Warrau
in: HSAI, Bd. 3.,S. 869-881

KLOOS, PETER
1971 The Maroni River Caribs of Surinam
Assen

KOCH-GRÜNBERG, THEODOR
1899 Die Anthropophagie der südamerikanischen Indianer
in: Internationales Archiv für Ethnographie, Bd. XII, S. 78-110
Leiden
1909-10 Zwei Jahre unter den Indianern. Reisen in Nordwest Brasilien
Bd. 1 und Bd. 2
Berlin
1923 Vom Roroima zum Orinoco
Bd.3
Stuttgart

KROEGER, AXEL & FRANCOISE BARBIRA-FREEDMAN
1982 Culture Change and Health: The case of Southamerican Rain=forest Indians
Medizin in Entwicklungsländern, Bd. 12
Frankfurt/Main

KROEGER, AXEL & E. ILECKOVA
1976 Mundo Shuar - La Salud y la Alimentación
Serie B, No. 5, Centro de Documentación e Investigación
Cultural Shuar
Sucua

KÜBLER, W.
1968 Geburtstraumatische Schäden des Zentralnervensystems und anderer Organe
in: Gustav-Adolf von Harnack (Hrsg.), Kinderheilkunde, S.32-36
Berlin

KUNIKE, HUGO
1911 Das sogenannte Männerkindbett
in: Zeitschrift für Ethnologie, Vol. 43
Berlin
1912 Das Männerkindbett
Dissertation
Halle

LANGDON, THOMAS ALLEN
1975 Food Restrictions in the Medical System of the Barasana and Taiwano Indians of the Colombian Northwest Amazon
Ph. D. Thesis
Tulane University
1981 Food Taboos and the Balance of oppositions among the Barasana and Taiwano
in: Kensinger & Kracke (Hrsg.), S. 55-76

LENOEL
1884 Brief, zitiert in Maurel (1884)

LIDZ, THEODORE
1974 Das menschliche Leben. Die Entwicklung der Persönlichkeit im Lebenszyklus
Erster Band
Frankfurt/Main

LOWIE, ROBERT H.
1948 The tropical forests: An introduction
in: HSAI, Bd. 3, S. 1-56

MARTIUS, CARL FRIEDRICH PHIL. VON
1867 Beiträge zur Ethnographie und Sprachenkunde Amerika's zumal Brasiliens
Band 1, Zur Ethnographie
Leipzig

MASHINKIASH, RAFAEL
1976 Mundo Shuar. La educación entre los Shuar
Serie B, No. 1
Centro de Documentación e Investigación Cultural Shuar
Sucua

MAUREL
1884 De la Couvade
in: Bulletins de la Société d'Anthropologie de Paris
Third Series, T. VII, S. 542-550

MC GRATH, JOSEPH E.
1979 Social Groups
in: EB, Bd. 16, S. 959-964

MERTON, ROBERT K.
1973 Funktionale Analyse
in: Heinz Hartmann (Hrsg.), Moderne amerikanische Soziologie, S. 171-214
Stuttgart

METRAUX, ALFRED
1948 Tribes of the Jurua-Purus Basin
in: HSAI, Bd. III, S. 657-686
1949 The Couvade
in: HSAI, Bd. V, S. 369-374

NIMUENDAJU, CURT
1948 The Tucuna
in: HSAI, Bd. 3, S. 713-725
1948B The Maué and Arapiura
in: HSAI, Bd. 3, S. 245-254
1948C The Mura and Pirahã
in: HSAI, Bd. 3, S. 255-269
1952 The Tukuna
University of California Publications in American Archaeology and Ethnology, Vol. 45
Berkeley

OBEREM, UDO
1958 Geburt, Heirat und Tod bei den Quijos-Indianern Ost Ecuadors
in: Proceedings of the 32nd International Congress of Ameri=canists, S. 232-237
Kopenhagen
1971 Los Quijos - Historia de la transculturación de un grupo Indigena en el Oriente ecuatoriano (1538-1956)
Memorias del Departamento de Antropologia y Etnologia de America 1
Madrid

OCANDO ORIA, LUIS R.
1965 Informe sobre el rito de purificación del recién nacido y de su madre entre los Makiritare
in: Antropologica, No. 14, S. 61-63
Caracas

ORTON, JAMES
1875 The Andes and the Amazon; or across the continent of South America
New York (3)

PARK, GEORGE KERLIN
1979 Animism
in: EB, Bd. 1, S. 922-924

PAUL, BENJAMIN D.
1971 Direkte und indirekte biologische Kosten des Krieges
in: Fried, Harris & Murphy (Hrsg), S. 93-98

POLYKRATES, GOTTFRIED
1969 Wawanaueteri und Pukimapueteri - Zwei Yanonami-Stämme Nord=westbrasiliens
National Museum of Denmark, Ethnographical Series, Volume XIII
Kopenhagen

PREUSS, KONRAD THEODOR
1921 Religion und Mythologie der Uitoto
Band 1
Göttingen

PSCHYREMBEL, WILLIBALD
1969 Klinisches Wörterbuch
Berlin

QUANDT, CHRISTLIEB
1807 Nachricht von Suriname und seinen Einwohnern sonderlich den Arawacken, Warrauen und Karaiben, von den nützlichen Gewächsen und Thieren des Landes, den Geschäften der dorti= gen Missionarien der Brüderunität und der Sprache der Ara= wacken
Görlitz

RIVERO, JUAN
1883 Historia de las misiones de los llanos de Casanare y los rios Orinoco y Meta - Escrita el año 1736
Bogotá

RIVIERE, PETER
1969 Marriage among the Trio - A principle of social organisation
Oxford

RODWAY, JAMES
1895 In the Guiana Forest - Studies of Nature in Relation to the Struggle for life
London

ROSENGARTEN, F.
1982 A neglected Mayan galactagogue - ixbut
in: Journal of Ethnopharmacology, Vol. 5, S. 91-112
.Lausanne

ROTH, HENRY LING
1893 On the significance of Couvade
in: Journal of the Anthropological Institute, Vol XXII
London

ROTH, WALTER EDMUND
1915 An inquiry into the animism and folk-lore of the Guiana Indians
in: 30th Annual Report, Bureau of American Ethnology, 1908-1909, S. 103-386
Washington

ROYER, CLEMENCE
1882 Discussion sur la couvade
in: Bulletins de la Société d'Anthropologie, 3rd series
Paris

RUDDLE, KENNETH
1970 The hunting technology of the Maracá Indians
in: Antropologica, No. 25, S. 21-65
Caracas

SAAKE, WILHELM
1950 Der Maniok bei den Urwaldstämmen Südamerikas
Bonn

SCHADEN, EGON
1962 Aspectos fundamentais da cultura Guarani
São Paulo
1979 South American Tropical Forest Cultures
in: EB, Vol. 17, S. 120-125

SCHMIDT, MAX
1917 Die Aruaken; ein Beitrag zum Problem der Kulturverbreitung
Leipzig

SCHMIDT, WILHELM
1954 Gebräuche des Ehemannes bei Schwangerschaft und Geburt. Mit Richtigstellung des Begriffs der Couvade
Wiener Beiträge zur Kulturgeschichte und Linguistik, Vol. 10
Wien

SCHRÖTER, W.
1968 Infektionen bei Neugeborenen
in: G. A. von Harnack (Hrsg.), Kinderheilkunde
Berlin

SIMSON, ALFRED
1879 Notes on the Piojes of the Putumayo
in: Journal of the Royal Anthropological Institue of Great Britain and Ireland, Vol. VIII, S. 211-222
London
1880 Notes on the Jivaro and Canela Indians
in: Journal of the Royal Anthropological Institute of Great Britain and Ireland, Vol. 9
London
1886 Travels in the wilds of Ecuador and explorations of the Putumayo River
London

SMOLE, WILLIAM J.
1976 The Yanoama Indians - A Cultural Geography
Austin

SPEISER, FELIX
1926 Im Düster des brasilianischen Urwalds
Stuttgart

STEINEN, KARL VON DEN
1894 Unter den Naturvölkern Zentral-Brasiliens
Berlin

STEWARD, JULIAN H.
1948 The Witotoan Tribes
in: HSAI, Bd. 3, S. 749-762
1948B Culture Areas of the Tropical Forest
in: HSAI, Bd. 3, S. 883-899
1948C Tribes of the Montaña: An introduction
in: HSAI, Bd. 3.,S.507-534
1949 South American Cultures: An Interpretative Summary
in: HSAI, Bd. 5, S. 669-772

STEWARD, JULIAN H. & ALFRED METRAUX
1948 Tribes of the Peruvian and Ecuadorian Montaña
in: HSAI, Bd. 3, S.535-656

TESSMANN, GÜNTER
1928 Menschen ohne Gott - Ein Besuch bei den Indianern des
Ucayali
Stuttgart
1930 Die Indianer Nordost-Perus
Hamburg

TYLOR, EDWARD B.
1865 Researches into the Early History of Mankind
London
1889 On a Method of Investigating the Development of Institutions
Applied to the Laws of Marriage and Descent
in: Journal of the Anthropological Institute, Vol 18,
S. 245-272
London

WAGLEY, CHARLES
1977 Welcome of tears - The Tapirapé Indians of Central Brazil
New York

WILBERT, JOHANNES
1967 Secular and Sacred Functions of the Fire Among the Warao
in: Antropologica, No. 19, S. 3-23
Caracas

YVES D'EVREUX
1864 Voyage dans le nord du Brésil fait durant les années 1613
et 1614
Leipzig